Über dieses Buch

Pierre Franckh, Michaela Merten und Tochter Julia lassen uns teilhaben an ihren Reisen zu magischen Orten. Dabei erzählen sie uns von der ganz persönlichen Wirkung des fotografierten Motivs auf sie selbst, schlagen dann den Bogen über inspirierende Gedanken zu bewusstseinserweiternden Texten, um uns dann mit genauen Fragen, mit Tagesaufgaben und Affirmationen in unserer Wunschkraft zu bestärken.
Die Strahlkraft, Energie und Achtsamkeit, die dieses Buch mitgibt, tragen bereits die von den Autoren beschriebenen positiven Resonanzen in sich.

Über den Autor, die Autorinnen

Pierre Franckh war bereits als Kind ein TV-Star. Er hat in über 300 Filmen mitgewirkt. Seit 2001 widmet er sich verstärkt seiner Autorentätigkeit. Bereits sein erstes Buch »Glücksregeln für die Liebe« – ein Beziehungsratgeber – stieg in kürzester Zeit in die Bestsellerlisten auf. Es folgte die im KOHA-Verlag erschienene Bestseller-Reihe: »Erfolgreich wünschen« – ein Coaching-Ratgeber für positive Zielorientierung, »Wünsch es dir einfach – aber richtig«, »Wünsch es dir einfach – aber mit Leichtigkeit«, »Das Gesetz der Resonanz«. Zeitweise waren 3 Bücher dieser Reihe gleichzeitig in der Focus Ratgeber-Bestsellerliste wochenlang vertreten. Seit 17 Jahren ist er glücklich mit Michaela Merten verheiratet und lebt mit ihr und der gemeinsamen Tochter Julia in München.
Mehr unter: www.Pierre-Franckh.de

Michaela Merten ist seit 20 Jahren eine feste Größe in Film und Fernsehen. Nach ihrer Schauspielausbildung am berühmten Max-Reinhardt-Seminar in Wien trat sie in vielen namhaften Schauspielhäusern auf. Ihre Autorentätigkeit umfasst ganzheitliche Themenkreise, wie z. B. der Bestseller »Wasser – die Glücksformel« (Knaur) , und »Seelencoaching« (Goldmann), das Kartendeck »Engel lieben dich« (Königsfurt Urania) und die »Engelwunschaffirmationen« (Lüchow). Im Mai 2010 erscheint ihr Solo-Album mit dem wunderschönen Titel »Angels love you« (Silenzio Music).
Mehr unter: www.Michaela-Merten.de

Julia Franckh, 16 Jahre, hat bereits mit 12 Jahren zusammen mit ihrem Vater ein Buch geschrieben »Papa, erklär mir die Welt«. Sie ist leidenschaftliche Fotografin und schreibt Reportagen für führende Jugendmagazine.

Pierre Franckh

Das Geheimnis der Wunschkraft

49 Schlüssel zur Wunschverstärkung

KÖNIGSFURT–URANIA

Bibliographische Information der Deutschen Nationalbibliothek:
Die Deutsche Nationalbibliothek verzeichnet diese Publikation in der
deutschen Nationalbibliographie; detaillierte bibliographische Daten sind im
Internet über http://dnb.d-nb.de abrufbar.

Originalausgabe
Krummwisch bei Kiel

© 2010 by Königsfurt-Urania Verlag GmbH
D-24796 Krummwisch
www.koenigsfurt-urania.com • www.tarot-shop.biz

Umschlaggestaltung: Antje Betken, Oldenbüttel
Umschlagfoto: Julia Franckh
Satz und Layout: Antje Betken, Oldenbüttel
Abbildungen im Textteil und Fotos der Karten: Pierre Franckh,
Michaela Merten und Julia Franckh
www.Pierre-Franckh.de
www.Michaela-Merten.de

Redaktion/Korrektur: Claudia Lazar, Kiel
Druck und Bindung: Finidr s.r.o.
Printed in EU

ISBN 978-3-86826-716-7 (Buch separat)
ISBN 978-3-86826-717-4 (Set mit Buch und Karten)

Inhalt

Übersicht aller Karten

Ich vertraue auf die Kraft meiner Gedanken. Ich weiß, dass ich dadurch mein Leben verändern kann.

Ich beschäftige mich ab jetzt nur noch mit der Lösung – zu meinem Wohl und zum Wohle aller.

Ich bin lebendige Energie. Ich entscheide mich bewusst, in welche Richtung ich sie lenke.

Ich erschaffe mir die Welt, die ich mir von Herzen wünsche – jeden Tag aufs Neue.

Seite 30   Seite 32   Seite 34   Seite 36

Ich lebe im Hier und Jetzt. Ich lasse alles Vergangene los. Ich bin verbunden mit der Kraft meines Herzens.

Meine Intuition ist kraftvoll und stark, sie führt mich zu meinem gewünschten Ziel.

Ich bin mit mir selbst in vollkommener Harmonie. Ich lasse meine Gefühle zu, sie sind die Sprache meiner Seele.

Ich bin voller Vorfreude. Die Erfüllung meines Wunsches wird jetzt in mein Resonanzfeld gezogen.

Jeder Gedanke ist pure Energie, die ich aussende.

Seite 38   Seite 40   Seite 42   Seite 44   Seite 46

Ich bin verbunden mit der Wunschkraft in meinem Herzen. So kann ich alle Grenzen überwinden – auch die in meinem Kopf.

Ich ersetze meine negativen Gedankenketten durch positive Affirmationen. So bin ich verbunden mit dem Glück in meinem Leben.

Ich verbinde mich mit meinem Herzenswunsch. Ich sende ihm Kraft und Liebe.

Ich bin in Harmonie mit meiner inneren Weisheit.

Ich bin in meiner Zielsetzung bewusst und klar und kommuniziere sie auf liebevolle Weise. Ich schenke meinen Wünschen Kraft und Stärke.

Seite 48   Seite 50   Seite 52   Seite 54   Seite 56

Ich bin in Resonanz mit liebevoller Achtsamkeit.

Ich bin glücklich und dankbar, dass sich mein Wunsch jetzt erfüllt.

Ich sehe in allem vollkommene Schönheit und erschaffe dadurch Fülle in meinem Leben.

Ich habe alle Kraft und Energie, die ich zur Erfüllung meiner Wünsche brauche.

Ich denke und rede nur positiv über mich selbst. So sende ich nur positive Energieströme aus.

Seite 58   Seite 60   Seite 62   Seite 64   Seite 66

Ich feiere jeden noch so kleinen Erfolg. Meine Freude zieht dadurch noch größere Erfolge in mein Leben.

Ich bin voller Liebe und erschaffe dadurch Liebe in meinem Leben.

Liebevolle Gedanken erschaffen eine liebevolle Umgebung.

Innerer und äußerer Reichtum sind mein natürlicher Lebensweg.

Ich umgebe mich mit Menschen und Dingen, die mich und meine Seele stärken.

Seite 68   Seite 70   Seite 72   Seite 74   Seite 76

Seite 78   Seite 80   Seite 82   Seite 84   Seite 86

Seite 88   Seite 90   Seite 92   Seite 94   Seite 96

Seite 98   Seite 100   Seite 102   Seite 104   Seite 106

Seite 108   Seite 110   Seite 112   Seite 114   Seite 116

Seite 118   Seite 120   Seite 122   Seite 124   Seite 126

Das, was du heute denkst, wirst du morgen sein.

Buddha

Diese Worte Buddhas führen uns vor, welche Fülle an Macht wir in uns tragen, was unser eigenes Leben angeht. Sie zeigen uns auch, welche Möglichkeiten wir heute haben, unsere Zukunft, unser Leben und unsere Berufung zu gestalten.

Welche Techniken können wir nutzen, um an diese Möglichkeiten heranzukommen? Es stimmt: Tatsächlich handeln wir nach dieser einfachen Wahrheit, doch nicht in dem Sinne, dass sie sich für uns positiv auswirken würde. Jeden Tag können wir spüren, dass sich unsere (negativen) Gedanken verwirklichen. Bei der Fahrt zur Arbeit bestätigt sich der Gedanke »Immer wenn ich komme, ist diese Ampel rot« oder »Natürlich sind bereits alle Parkplätze besetzt« bis hin zu größeren Verwirklichungen wie »Ich kann nichts, wer will schon mit mir zusammen sein, alle anderen haben einen Job, nur ich nicht, das wird nie was…«

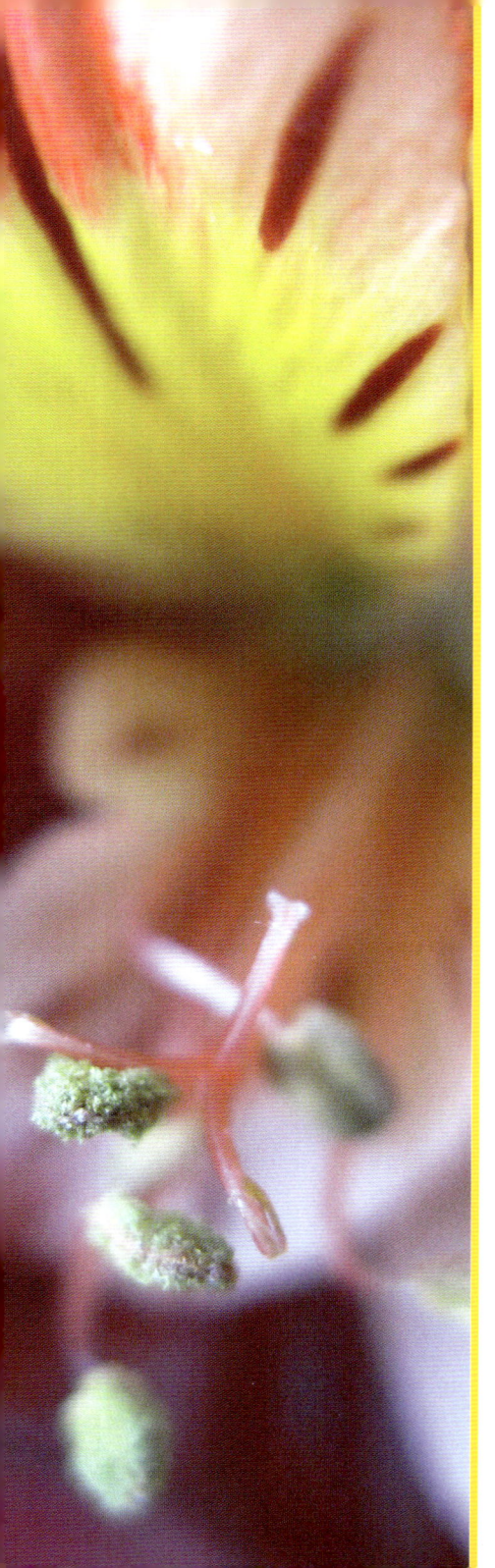

Täglich bewahrheitet sich: Dieser so einfache Satz Buddhas ist wahr. Doch hilft uns diese Feststellung erst einmal nicht weiter. Zunächst sollten wir erkennen, welche phantastischen, für uns wunderbaren Möglichkeiten darin enthalten sind, wenn wir sie nur richtig nutzen könnten.

Wir sollten entdecken, dass, wenn wir positive Gedanken denken, wir an dieser Kraft optimalen Anteil haben können.

Wir können den geistigen Durchbruch schaffen, wenn wir wissen wie das geht, das schöpferische Denken, das richtige Wünschen, damit wir morgen das sind, was wir wirklich sein wollen.

Das Geheimnis des erfolgreichen Wünschens ist: Jeder kann es lernen und sofort anwenden. Auch du! Mit unserer mentalen Stärke haben wir das Werkzeug dafür.

Und es verändert nachhaltig unser jetziges und zukünftiges Erleben.

Hier in diesem Buch – inspiriert von den Bildern und anhand der Texte und Affirmationen – werden wir uns mit den Gedanken beschäftigen, die uns zum erfolgreichen Wünschen führen.

Wir durchleuchten unsere, seit der Kindheit eingeübten, negativen Überzeugungsmuster, die ständig in unbewussten, ungesagten, aber unterschwellig gedachten Überzeugungen und Vorurteilen unser Resonanzfeld beeinflussen. Wenn unsere bisherigen Erwartungen pessimistisch sind und alles, was wir erleben, sich düster anfühlt, dann fließt diese Stimmung auch in unser Umfeld. Erst wenn wir diese tiefsten, innersten Glaubensmuster erkennen können, sind wir fähig, sie aufzulösen.

Stell dir einfach vor, du wärest ein Glückskind. Tu so, als ob man dir seit deiner Geburt immer erzählt hätte, dass du ein Sonnenschein, ein Sonntagskind bist, dass dir in die Wiege gelegt worden sei, allzeit glücklich zu sein, alles Glück der Welt anzuziehen. Kein Zweifel könnte diese Überzeugung trüben. Denk einmal, wie du durch die Welt gehen würdest:
Schon als Kind würdest du nur lächelnden Gesichtern begegnen. Dein Glück, dein Lächeln würde wie die Sonne alle Menschen bescheinen. Und sie würden zurückgeben, was du ihnen gibst.
Alle Menschen und Lebewesen wären angetan von deiner Ausstrahlung, die Resonanz wäre für dich so selbstverständlich, dass du dein Sein, dein Denken, nichts an dir in Frage stellen würdest. Auch deine Eltern würdest du verzaubern und sie wären überglücklich über das Geschenk deines Seins. Deine Lehrer, deine Mitschüler, alle dir begegnenden Menschen würden sich selbstverständlich über dein Glück freuen und dich so sein lassen, wie du wirklich bist. Wunderbare Begegnungen wären an der Tagesordnung.
Wie fühlt sich das an?
Wir Menschen werden als Sonnenschein geboren, aber das Lächeln als Ausdruck des Glücks lernen Kinder erst ein wenig später als Spiegelung ihres Inneren und des Lächelns ihrer Eltern. Allein der Glaube der Eltern an ihr Kind als Glückskind fehlt oft. So leben leider nicht alle Kinder in der Geborgenheit des Glücks. Und so lernen wir leider

eher die negativen Gedanken der Mitmenschen kennen und verlieren unsere strahlende Unschuld. Nun – wir, diese Kinder, können wieder umlernen, uns diese Energien und Resonanzen zurückholen, um die Worte Buddhas zu unserem Nutzen anwenden zu können.

Mit Mut und ohne Zweifel kommen wir dieser Möglichkeit näher, beim Wiederentdecken unserer mentalen Kraft haben wir jede Chance, das Glück zu finden und auch zu behalten.

Alle Dinge und Lebewesen besitzen eine eigene Schwingung. Alle Organe und Zellen unseres Körpers, auch Materie, Töne, Gedanken. Und jeder Ort auf dieser Erde besitzt eine einzigartige Schwingung.

Ist diese Schwingung kraftvoll und positiv, dann können wir sie für uns nutzen und uns von dieser Energie mittragen lassen.

Jeder von uns kennt solche magischen Orte. Plätze, an denen wir in eine tiefe innere Stille eintauchen, an denen wir andächtig werden und Ruhe finden. Die friedlichen, harmonischen Schwingungen solcher Orte finden in uns Eingang. Wir entziehen uns ihnen nicht und können sogar noch nach Verlassen dieser Orte bis in unser alltägliches Tun den Nachhall ihrer Energien in uns finden. Sogar in der bloßen Erinnerung an solche Plätze können wir die Schwingungen noch einmal in uns als Echo fühlen. Die Kraft solcher Orte ist enorm.

Es sind die besten Orte, um unsere Wunschkraft zu verstärken.

Wunderbarerweise finden wir weitere Energien auch in besonderen Büchern, in erhebender Musik, in uns ansprechenden Kunstwerken. Wir finden sie, diese besondere Kraft, überall dort, wo sie hintransportiert wurde. Und sie hat die Energie, uns in einzigartiger Weise emotional zu berühren, sie lässt uns wohlig und glücklich werden, ganz von innen heraus. Selbst wenn wir uns mit Biographien herausragender Persönlichkeiten beschäftigen, werden wir von dieser Energie erfüllt, können wir die Resonanz spüren, die von solch einem vorbildlichen Menschen ausgeht.

Deine Zukunft, dein Morgen neu zu gestalten, wird dir gelingen, wenn du richtig wünschen kannst. Die Kraft, die von einem präzise formulierten Wunsch ausgeht, ist unvorstellbar. Damit wir diese Energie freilassen können, ist es wichtig, genau zu wissen, was wir wollen, was wir uns wünschen. Mit Selbstbeobachtung finden wir heraus, wohin wir eigentlich wollen, was unser Leben für uns bedeuten soll, was für uns so wichtig ist, dass wir es aus ganzem Herzen wünschen.

Erfolgreiches Wünschen hat hauptsächlich mit Emotionen zu tun. Um das Gewünschte im Leben realisieren zu können, sollen wir unser Herz, als Zentrum des Gefühls, mit einbeziehen und uns seiner großen Kraft bedienen.

Der Glaube an mich selbst, an die Berechtigung, dass mir meine Wünsche erfüllt werden dürfen, dass ich mir meine Wünsche erlaube und mich selbstverständlich an ihrer Erfüllung freuen darf, macht mich stark. Auf diese Weise werde ich fähig sein, Berge zu versetzen, mit meiner eigenen Kraft und meinem mir innewohnenden Potenzial. Nur deshalb, weil ich an mich glaube.

Wir werden das Gefühl los, willenlos in der Luft zu hängen, ohnmächtig das Schicksal ertragen zu müssen. Wenn wir richtig wünschen, können wir unser Leben genießen in der Freiheit, es selbst gestalten zu können. Wenn wir es schaffen, unsere negative Einstellung zu uns selbst aus unserem Leben ins Exil zu schicken, können wir endlich unsere Authentizität leben.

Dann können wir das Leben einfach als das betrachten, was es für jeden Einzelnen ist: Ein Entwicklungsprozess, der Freude schafft für sich selbst und für seine Mitmenschen.

Die Mitmenschen können uns in diesem Bewusstseinsprozess unterstützen, und zwar besonders dann, wenn wir damit anfangen, Anerkennung und Lob auszuteilen. Das Gesetz der Resonanz beginnt zu wirken und diese liebevollen Schwingungen werden zu dir zurückkehren, doppelt und dreifach. Wenn ein Mensch einen anderen aus vollem Herzen lobt, dann kann er dabei nur strahlen. Sein Gesichtsausdruck wird hell und klar, seine Stimme nimmt eine warme Färbung an.

Die Atmosphäre wird sauber und wohltuend. In diesem Ambiente gedeihen die guten Wünsche, die positiven Energien.

Gleichzeitig werden wir ein Gefühl der Verbundenheit mit diesem so angesprochenen Menschen spüren. Wir werden fähig sein, Synergien zu schaffen, die wir vorher nicht gefühlt haben. Und auch hier entstehen wieder Energien, die wir für unsere Ziele des erfolgreichen Wünschens nutzen können.

Menschen, die uns begegnen, werden über unsere Stärke staunen, die wir ausstrahlen. Durch die Hinwendung zu anderen bekommen wir selbst enorme Kraft. Je mehr wir diese Kraft spüren, je mehr wir selbst an sie glauben, desto weniger Zweifel werden Platz haben. Sie eliminieren sich selbst, werden weggedrängt, weil das Positive so viel Raum einnimmt.

Zur Verstärkung dieser Prozesse haben wir noch weitere Techniken. Wir können uns der Affirmationen bedienen. Affirmationen sind auch eine Möglichkeit, negative Gedanken auszuschließen, aus dem Kopf zu verdrängen, weil wir mit der Affirmation das Positive in unser Denken holen. Oft entsteht ein Vakuum im Kopf, das wir – aus Überzeugung oder Gewohnheit – mit Sorgen und negativen Gedanken füllen. Sie strömen quasi von selbst in den luftleeren Raum. Wenn wir aber keinen Leerraum zulassen, ihn bereits mit positiven Affirmationen gefüllt haben, umgehen wir diese »Stolperfalle« des Denkens.

Desweiteren helfen uns Rituale über diese Gräben und Fallen hinweg. Sie überbrücken Zeiten, in denen wir unliebsame Erinnerungen und alten Groll hervorkramen würden. Regelmäßig wiederkehrende Handlungen sind seelische »Anker«, an denen man sich im Zweifelsfall festhalten kann. Rituale haben etwas wunderbar Zuverlässiges.

Und um der Vergesslichkeit zu entgehen, die uns Menschen immer wieder so gerne einholt, können wir unsere Ziele und Wünsche visualisieren. Mit einer Wunsch-Collage, die wir an einen Ort hängen, den wir täglich vor Augen haben, bauen wir eine weitere Sicherung ein, dass wir »dran« bleiben an dem Geheimnis der Wunschkraft.

Wünschen, richtig Wünschen, bedeutet, dass man sich Zeit nimmt, dieses zu tun. Es bedeutet, dass man sich und seinen Wunsch so ernst nimmt, dass man sich hinsetzt, in sich hineinspürt, formuliert, aufschreibt, den Raum schafft, wann immer es möglich ist. Meistens können wir abseits des Alltags solche ruhigeren Zeiten finden, in der Nähe des Übergangs vom Bewussten zum Unbewussten, von Wachsein und Schlaf. Da ist der Zugang zu unserem Herzen, zu unseren inneren Sphären leichter zu finden. Der lärmende Alltag ist noch nicht oder nicht mehr im Gange, wir dürfen sensibler sein und uns auf neue Gedankenformen einlassen.

In so einer Atmosphäre fällt uns dann sicher auch ein, wo unsere Stärken liegen, was das Wünschen betrifft. Auf jeden Fall nutzen wir alle Zugänge, wenden sichtbare, hörbare, fühlbare Techniken an, denn jeder Mensch hat individuelle Stärken. Wenn wir sie herausfinden, ist es realistischer mit Leichtigkeit zu den gewünschten Ergebnissen zu kommen.

Dieses Buch unterstützt dich dabei. Unsere Tochter Julia, Michaela und ich haben viele dieser magischen Orte besucht, von denen die Rede war, wo die Energie besonders spürbar ist, wo sich die Kraftfelder fühlbar bündeln. Von dort haben wir euch Bilder mitgebracht.
Beim Betrachten der Fotos kannst du diese Orte voller Zauber und Kraft mit uns besuchen und innehalten, verweilen, deine Emotionen zulassen und dich energetisch aufladen.
Zu jedem Bild haben wir einen inspirierenden Inhalt geschrieben und uns Gedanken gemacht, zu denen wir euch mitnehmen wollen. Sie leiten an zu meditieren, ermutigen, weiterzudenken und die darin enthaltenen Ideen ins Leben zu integrieren.

Auf den Kartenbildern selbst finden sich auch Sätze, die als Affirmationen benutzt werden können.

Mit den Hinweisen, was die gezogene Karte oder die zufällig aufgeschlagene Seite im Buch uns sagen möchte, beschäftigen wir uns damit und lesen dann die Fragestellungen, die uns weiter bringen können im Finden von Überzeugungen, von Dingen, die noch nicht so gut laufen, oder wichtigen Wegweisern.
Zusammen mit den Affirmationen und den starken Kraftquellen kannst du lernen, gute Wünsche für dein Leben zu formulieren und zu integrieren.

Wenn wir lernen, unsere Tage mit Affirmationen zu beginnen, die Bilder als Hilfsmittel mit einzusetzen, nutzen wir die zur Verfügung stehenden Kraftquellen optimal.

Bei den Bildern finden wir Worte von großer Tiefe. Wir können uns ihrer bedienen und darüber meditieren, wir können sie in uns klingen lassen, sie intuitiv erfassen oder ganz tief in ihre Bedeutung einsteigen. Einige dieser Worte greife ich in

der Einleitung auf, um die Strahlkraft, die Energie dieser Begriffe
sichtbar zu machen. Gleichzeitig um
dir eine Idee zu geben, wie du darüber nachdenken könntest.

Veränderung, dieser Begriff ist der
Ausdruck für das Leben schlechthin.
Es gibt kein Leben ohne Veränderung. Wir beobachten wie aus einem
Samen ein Keimling wächst, dann
daraus eine wundervolle Pflanze
oder ein Baum wird. Nur durch stän-
dige Umwandlung ist dieses Wachstum möglich. Wir bestaunen das
Wunder und erfreuen uns daran.

Nur bei Materie gehen wir zunächst
davon aus, dass sie gleich bleibt,
aber das gilt nur mit Einschränkung,
denn Materie ist lebendig und verändert sich ständig. Selbst härteste
Felsformationen transformieren sich.

Sich gegen Veränderung aufzuleh-
nen, Widerstand aufzubauen, ist nur
Kräfte zehrend, es bringt uns nicht
weiter. Wir tun gut daran, sie zuzu-
lassen, den Wandel zu unserem Vor-
teil zu nutzen, das Beste daraus zu
machen. Was ist denn Veränderung
anderes als Wachstum? Und was ist

Wachstum anderes als das Verabschieden von Altem und das Begrüßen von Neuem?

Unser tägliches Tun schließt also das Loslassen des Alten und das Bejahen des Neuen ein. Immer gibt es die Wirkung nach hinten und nach vorne, in die Vergangenheit und in die Zukunft.

Diese Fußspur im Sand, am Uferrand, versinnbildlicht diese Gedanken noch einmal aufs Wunderbarste. Wie viele Fußspuren mögen hier schon hinterlassen worden sein, doch wir sehen sie nicht mehr. Wie viele werden hier noch entstehen und doch auch wieder verschwinden – so wie Michaelas Spuren, die gerade so lange zu sehen waren, wie ich Zeit hatte, das Foto zu machen.

Wenn wir uns entschließen, nicht um die Vergänglichkeit zu trauern, sondern uns diesem Werden und Vergehen zuwenden, können wir in Frieden leben. Wir sind wohlig umfangen von dem Vorher und dem Nachher. Wir können uns darauf verlassen, dass wir in der Gegenwart unsere Zukunft bestimmen, dass beständiger Wandel existiert. Wir sind Bestandteil davon und das ist nicht schlimm, sondern beruhigend. Sicher ist die Tatsache des Wandels. Das, was bleibt, ist die Veränderung. Daran können wir uns halten. Wir sind die Fußspuren im Sand, aber auch die Welle, die sanft die Abdrücke wieder verwischt, den Raum schafft für neue Spuren. Wir setzen neue Spuren und brauchen uns um die bereits gesetzten nicht zu kümmern, sie sind entstanden und daraus kann Neues werden, oder eben auch nicht. Es macht nichts, wir leben ja vorwärts. Wir schreiten weiter am Strand entlang, dort, wo wir keine Spuren sehen, und wir setzen neue, wo vorher schon welche waren.

Unsere Reise führte uns auch nach Thailand, einem wundervollen Land, wo wir aus dem Staunen nicht herauskamen. Wir öffneten unsere Sinne weit und konnten so ganz neue Zugänge zu alten Erkenntnissen finden.

In diesem Land ist der Buddhismus der am meisten verbreitete Glaube. Der Buddhismus ist ein sanfter Weg. Er ist überall präsent. In vielen Hauseingängen sind liebevolle Altäre aufgebaut, geschmückt mit Statuen, Süßigkeiten und Kerzen.

Wir sind vielen Buddha-Statuen auf unserer Reise begegnet. Diese hier abgebildete war aber eine ganz besondere. Sie bricht mit der uns gewohnten Denk- und Sichtweise. Die Statue hat einen Kopf mit vier Gesichtern. So seltsam uns das anmutet, so natürlich wirkt die Darstellung trotzdem. Die Gesichter sind nach außen, in die Welt, aus der wir Betrachter kommen, gewandt, und doch geht, deutlich gemacht durch die geschlossenen Augen, eine tiefe Konzentration von ihnen aus. Welch ein Paradox, und doch so richtig: Erkenne die Außenwelt durch Verinnerlichung.

Eine liebliche, fast zärtliche Energie spricht aus diesen Gesichtern. Betrachten wir sie länger, so überträgt sich diese höchste Konzentriertheit auch auf uns. Wir werden ruhig, wir spüren den tiefen Frieden, der aus dieser Fähigkeit erwächst. Wir ahnen, wie sich unsere Sehnsucht nach dieser »Ruhe in uns selbst« erfüllen könnte. Wenn wir es schaffen, zu dieser hohen Konzentration zu finden, wenn wir die Essenz des Seins tief in uns entdecken, dann kann uns das gelingen.

Doch es bleibt nicht allein bei dieser Innenschau. Die Gesichter lassen sich von uns betrachten, ziehen sich nicht in sich selbst zurück, sie geben diese innere Weisheit auch nach außen weiter, sie behalten sie nicht für sich, sondern verteilen sie großzügig an alle, die ihrer bedürfen, die sie haben wollen.

Der Zauber, den arabische Länder für uns haben, wird in diesem Foto aus Ägypten offensichtlich. Das erste Betrachten dieser Vollendung einer Ziselierarbeit bringt uns die große handwerkliche Geschicklichkeit in all ihrer Schönheit vor Augen. Wir bestaunen die Kunst, die die Menschen seit Jahrtausenden immer weiter ausgearbeitet haben, und wie zeitlos solch ein Werk sich ausnimmt. Allein darin liegt ein großer Wert. Wir spüren die Energien, die Menschen einst in dieses Kunsthandwerk einfließen ließen.

Vielleicht ein noch größerer Wert liegt in dem Geheimnis, das sich hinter diesem Fenster, dieser kleinen Türe verbergen mag. Unsere Sehnsüchte werden geweckt durch das Verborgene, das gleichzeitig die Möglichkeit des Zugangs – durch die Türe – verspricht.

Jeder Mensch hat Sehnsüchte – in die verschiedensten Richtungen. Dieses Sehnen, dieses Ziehen in der Bauchgegend ist eine starke Antriebskraft, da steckt Neugier hinter. Wenn es uns gelingt, die negativ besetzten Begriffsteile wie Sehn-»Sucht« und Neu-»Gier« ins Positive zu wandeln, weg von dem Zwangvollen, was ihnen anhaftet, so können wir die ganze Energie daraus für Wachstum und Wunschkraft nutzen.

Erinnern wir uns an unsere Kinderzeit. Die geheimnisvolle Betriebsamkeit der Erwachsenen um die Weihnachtszeit und das Drumherum dieser Rituale war uns ein wohliger Kitzel. Wir schrieben Wunschzettel und hofften sehnsüchtig auf die Erfüllung, gleichwohl wussten wir, dass Wünsche keine Forderungen sind und erfüllt werden können oder nicht. Eventuell musste man etwas länger warten, bis der Wunschtraum Wirklichkeit werden konnte.

Wenn sich dann doch einmal die Gelegenheit ergab, einen Blick »hinter den Vorhang«, ins Bescherungszimmer zu werfen, konnte kaum ein Kind widerstehen. Doch wie war das hinterher? Hat die Aufdeckung der Geheimnisse uns gefallen? Oder war die Entzauberung schlichtweg nur ernüchternd? Die Enttäuschung groß? Das Hoffen und Warten vorbei?

Geheimnisse, verschlossene Türen, dahinter vermuten wir die Erfüllung unserer Sehnsüchte. Ob dies der Fall ist, können wir vorher nicht wissen. Es liegt ein Wagnis darin, hinter die Tür schauen zu wollen. Und doch aber auch eine große Chance, mit der Entscheidung zum Öffnen, der Erfüllung näher zu kommen.

Heute – als Erwachsene – sind wir nicht mehr die passiv wartenden Kinder vor dem Bescherungszimmer an Weihnachten. Es geht nicht mehr darum, brav auf die Erfüllung der Wünsche zu warten. Dafür tragen wir inzwischen die Verantwortung selbst. Es lohnt sich, mutig zu sein, Geheimnisse aufzudecken, um das zu bekommen, was wir wirklich wollen. Wir erfüllen uns die Wünsche selbst – und sind dazu auch in der Lage. Mutig die Sehnsüchte in Worte zu fassen, präzise Wünsche in den Kosmos zu schicken, das ist unsere Aufgabe. Ja, und dann noch offen sein für die Wunscherfüllung, die kommt bestimmt. Denn wir wissen um das Geheimnis der Wunschkraft.

Diese wunderschöne Treppe bildet ein Auge in der Mitte. Das Auge des Zyklons? In der Mitte des Wirbels herrscht beim Toben des Sturmes tiefste Ruhe. Ein Pol der Konzentration aller Kräfte. Diese Wendeltreppe veranschaulicht uns das bildlich. Um diesen Blick ins Innere werfen zu können, müssen wir vorher den Aufstieg gewagt haben. Wir haben uns der Beschwerlichkeit Stufe für Stufe ausgesetzt, uns aus der Ruhe des Zyklon-Mittelpunktes in die Peripherie des Sturmes gewagt. Mit Beharrlichkeit sind wir Schritt für Schritt nach oben gestiegen. Wir haben den äußerlichen Gewalten getrotzt, alle unsere Kräfte zusammengenommen, sind gegen den Sturm angelaufen und haben unser Ziel nicht aus den Augen verloren. Dabei durften wir lernen, welche Kraftreserven wir zur Verfügung haben und welches Durchhaltevermögen wir besitzen. Jetzt halten wir inne und schauen nach unten. Der Blick zurück lohnt sich, zeigt er uns doch, woher wir kommen, welche Höhe wir erreicht haben. Wir können stolz darauf sein. Uns loben, uns die Anerkennung geben, die uns zusteht.

Möglicherweise wendet sich unser Blick aber auch von diesem Standort aus in unser Innerstes, in diese Konzentration des Ichs. Vielleicht ist das Dunkel in der Tiefe unser eigenes Unbewusstes. Vielleicht führt uns dann der Weg hinab, Stufe für Stufe, um unser Innerstes zu erreichen, es zu erkennen, es zu verstehen, uns mit ihm auszusöhnen.

Diese Treppe schafft die Verbindung von Erde und Himmel. Sie führt in die Höhe und erdet zugleich. Wir sind nicht im luftleeren Raum verloren, sondern stehen auf Stein. Wir müssen nicht fliegen, es reicht, dass unsere Blicke dies tun, unsere Gedanken. Wir selbst dürfen Bodenhaftung behalten. Das ist wie mit unserer Wunschkraft. Dabei behalten wir die Füße auf der Erde, doch die Gedanken lassen wir fliegen, sie werden unsere Wünsche formulieren und dann schicken wir sie in den Kosmos, in das »All-Eine«.

Warum haben wir so oft noch Angst vor der Dunkelheit? Betrachten wir sie doch näher. Angst hat man nur vor Unbekanntem. Vor dem, was wir kennen, fürchten wir uns nicht. Öffnen wir uns ihr vertrauensvoll.

Die Sonne versinkt in den Wolken, die den Horizont verdunkeln, ihn verschleiern, unsichtbar machen. Sie lässt sich fallen, wird weich aufgefangen und ihr warmes Licht verspricht, dass sie wiederkommen wird. Für den heutigen Tag heißt es Loslassen, es ist gut so wie es ist. Die Erlebnisse des Tages wollen nun, da die Augen im Dunkel Entspannung finden, in Ruhe verarbeitet werden. Jetzt ist Zeit, dass das Innere zu Wort kommt, die Äußerlichkeiten werden unwesentlich.
Es kann Frieden einziehen und tiefe Dankbarkeit für das Wunder des Lebens. Alles ist gut.

Morgen ist die Sonne wieder da.
Mit dieser Vorfreude können wir unsere Seele in der unendlichen Weite des Raumes tanzen lassen.

Die 49 Wunschkraftkarten und ihre Bilder

Michaela:
Dieses Foto entstand in Kanada während eines Spaziergangs in einem wunderschönen Garten. Als ich den Weg entlangging und sah, wie ein bereits verwelktes Blatt auf einem jungen Blatt lag, erzählte es mir die Botschaft von »Werden und Vergehen« und dass wir uns vertrauensvoll dem Neuen hingeben können, denn es wird immer weitergehen ... meine Gedanken vergehen, es entstehen neue und dadurch entsteht ein neues Erleben meiner Wirklichkeit.

Veränderung

Es gibt nur eins, was wirklich in unserem Leben sicher ist: Veränderung. Je früher wir uns auf die Erneuerung, die das Leben von uns fordert, einlassen, desto eher werden wir unser Leben bewusst und selbstbestimmt mitgestalten können.

Durch die Kraft deiner Überzeugungen kannst du dein Leben neu gestalten. Deine Gedanken beeinflussen deine Handlungen. Entscheide dich für eine Richtung, die dir und deinen tiefsten Wünschen am meisten entspricht. Vertraue darauf, dass sich alles zum Guten wendet. Sei voller Zuversicht. So wie die Natur sich durch Transformation ständig wandelt und wächst, so gib auch du durch deine Gedanken deinem Leben einen genauen Bauplan.

Dieses Herbstblatt ist ein Symbol für »Werden und Vergehen« – unsere Augen berauschen sich gerne an der Buntheit des Herbstes. Um in unserem Leben diese Farbenpracht zu entfalten, gilt es Altes loszulassen und sich zielgerichtet dem Neuen zuzuwenden. Vertraue darauf, dass noch etwas Wesentlicheres für deine seelische Weiterentwicklung auf dich wartet!

Diese Karte ist also ein Hinweis …

die Veränderung in deinem Leben willkommen zu heißen.
Halte dich für den Wandel in deinem Leben voller Freude bereit.
Behalte deine Ziele fest im Auge, dann entwickelt sich alles andere genau nach deinen Wünschen und Vorstellungen.

Gehe heute folgenden Fragen nach:

Was möchtest du in deinem Leben gerne verändern?
Was bist du bereit dafür aufzugeben? Vertraust du dem Fluss des Lebens in vollem Umfang?

Hilfreich sind folgende Affirmationen:

Ich umarme das Neue in meinem Leben.

**Ich vertraue darauf,
dass jede Veränderung
meiner seelischen Entwicklung dient.**

Ich öffne mich für Veränderungen.

Ich vertraue auf die Kraft meiner Gedanken. Ich weiß, dass ich dadurch mein Leben verändern kann.

Aufmerksamkeit

Manchmal ist die Lösung zum Greifen nah – aber wir haben Angst sie anzunehmen. Die Angst, mit einer Entscheidung Fehler zu machen, lähmt uns und wir trauen uns nichts mehr zu. Deshalb beschäftigen wir uns lieber mit dem Problem als mit der Lösung. Wir erzählen unseren Freunden immer und immer wieder das Problem im kleinsten Detail – und verlieren darüber die Bewältigung dieser Sache aus dem Auge. Genau da liegt das eigentliche »Problem«: Worauf wir unsere Aufmerksamkeit richten, das verstärkt sich. Würden wir nur die Hälfte der Zeit darauf verwenden, die verschiedenen Möglichkeiten der Bewältigung im Detail zu erörtern, würden wir viel schneller zum eigentlichen Punkt kommen.

Wenn wir uns allein auf die Lösung besinnen, in der tiefen Gewissheit, dass sie uns zuströmen wird, werden sich alle Probleme – wie gewaltig sie sich jetzt auch auftürmen mögen – fast wie von selbst lösen.

Wir müssen immer nur einen einzigen Schritt machen – den, unsere Einstellung dazu zu ändern.

Diese Karte ist also ein Hinweis …

dich nur mit der Lösung zu beschäftigen. Sieh in allem das Gute und vertraue darauf, dass die Lösung für dich schon bereit steht. Du musst dich nur innerlich vertrauensvoll darauf einlassen. Lass die Belastung, die so ein Problem mit sich bringt, los – es wird dir und deinem Umfeld viel besser gehen.

Gehe heute folgenden Fragen nach:

Wie viel Energie verbrauchst du mit dem Problem und wie viel mit der Lösung? Wie aufmerksam bist du, wenn Impulse von außen kommen, die dich in die richtige Richtung lenken wollen?

Hilfreich sind folgende Affirmationen:

Ich entspanne mich
und lasse die Lösung
auf mich zukommen.

Ich gehe
die erforderlichen Schritte
in meiner eigenen
Geschwindigkeit.

Ich beschäftige mich
ab jetzt nur noch
mit der Lösung –
zu meinem Wohl
und zum Wohle aller.

Julia:

Dieses Foto entstand in Thailand, als wir durch die Reisfelder spazieren gingen. Ich liebe es, Tiere zu beobachten, und als ich diese Libelle über die Reisfelder gleiten sah, wartete ich geduldig darauf, bis sie zur Ruhe kam. Die Libelle bezauberte mich mit ihrer Leichtigkeit und nahm meine komplette Aufmerksamkeit in Anspruch.

Entscheidung

Die innere Kraft, die uns antreibt, ist die Freude, der Enthusiasmus, die kindliche Neugier. Wenn wir diese Energien bündeln und in die gewünschte Richtung schicken, dann beeindrucken wir die Welt. Wenn wir fähig sind, die kleinen und großen Entscheidungen, die das Leben von uns fordert, mit Freude und Enthusiasmus zu treffen, dann haben wir viel von dem verstanden, was das Leben lebenswert macht. Wir können uns alles wünschen, was wir uns nur vorstellen können – aber die Entscheidung ist die Vorbotin des Handelns. Wir brauchen die Aktion, um eine Reaktion hervorzurufen. Ohne aktive Beteiligung aller in uns wohnenden Kräfte können wir in keine Richtung etwas bewirken. Jeder Mensch träumt einen anderen Traum – welchen Traum träumst du? Was sind deine ureigensten Bedürfnisse, wo in dir spürst du dieses »Brodeln« an Energie, die sich entladen will? Gehe deinen Wünschen nach, nähre sie, beschäftige dich mit ihnen – solange, bis sie genügend Kraft gesammelt haben, um in die Welt hinauszutreten. Gehe deinem ganz persönlichen Glück nach!

Diese Karte ist also ein Hinweis …

sich bewusst zu werden, dass alle Kraft bereits in dir steckt. Nur du allein entscheidest, in welche Richtung du sie lenken möchtest. Nur du allein hast es in der Hand, diese Energie wieder lebendig werden zu lassen. Warte nicht auf andere. Bestimme dein Leben und deine Lebensfreude selbst.

Gehe heute folgenden Fragen nach:

Was hindert dich daran, dich so auszudrücken, wie du es gerne möchtest? Wie kraftvoll kannst du deine Energie in die Welt schicken? Was möchtest du gerne von dir zeigen?

Hilfreich sind folgende Affirmationen:

Ich bin kraftvoll.

Ich bin ein Quell unerschöpflicher Energie.

Ich bin lebendige Energie.

Ich entscheide mich bewusst, in welche Richtung ich sie lenke.

Michaela: Ich liebe die geballte Kraft des Wassers!
Dieses Bild entstand in Island, als ich fasziniert den Geysir beobachtete, wie er über längere Zeit seine Kräfte unter der Erde sammelte, um sich dann mit einer Urgewalt zu entladen. Als wir da standen, hatten wir alle drei ein ganz archaisches Gefühl von spontanem Glück. Die Erde schenkt uns ihr Kostbarstes – das Wasser, es liegt an uns zu entscheiden, wie wir diese Energie nutzen.

Pierre:
Das ist der Fußabdruck von Michaela am Strand in Thailand. Leichtfüßig schwebte sie am Strand dahin und das Meer verschluckte jede ihrer Spuren in Sekundenschnelle. Dieser Fußabdruck symbolisiert für mich, dass wir Gäste auf dieser wunderschönen Erde sind. Wir kommen und gehen – wir entscheiden jeden Tag aufs Neue, ob wir einen positiven Eindruck hinterlassen wollen oder nicht.

Loslassen

Wie Fußspuren im Sand verbleiben die Abdrücke längst vergangenen Lebens in uns. Obwohl jener, der sie verursacht hat, längst woanders neue Spuren hinterlässt, sind die Abdrücke noch immer in uns.
Wir selbst hinterlassen ständig, jeden Tag, solche Spuren, auch in uns selbst – ohne sie bewusst wahrzunehmen. Dennoch bestimmen sie unser Denken, Fühlen und unsere Überzeugungen. Anstatt die Spu-

ren aus unserer Seele zu löschen, leben wir sie noch immer nach: in unseren Träumen, Sehnsüchten und unbewussten Wünschen.

Aufgestellt auf unserer eigenen Bühne, veranlassen wir unsere Mitspieler, unser Szenarium nachzuspielen. Ein Szenarium, das in unsere Welt passt – auch wenn es nicht unsere eigene ist, auch wenn sie uns gar nicht gefällt. Es sind nur Spuren vergangener Zeiten, die wir nicht loslassen wollen.

Menschen kommen und gehen. Auch in unserem Leben. Dies ist der Lauf der Dinge. Wenn wir lernen loszulassen und weiterzugehen, können wir auch wieder Neues in unserem Leben entstehen lassen.

Diese Karte ist also ein Hinweis ...

sich bewusst zu werden, welche Abdrücke längst vergangener Erlebnisse du noch in dir trägst. Löse dich von diesen Eindrücken. Lass sie in Liebe gehen. Dann kannst du auch frei und unbeschwert Neues erschaffen.

Gehe heute folgenden Fragen nach:

Gibt es Verletzungen in deinem Leben, die dich heute noch beeinflussen? Gibt es Menschen in deinem Leben, die du nicht gehen lassen kannst?

Hilfreich sind folgende Affirmationen:

Ich erschaffe mir die Welt, die ich mir von Herzen wünsche – jeden Tag aufs Neue.

Ich lasse alles Belastende aus der Vergangenheit los.

Ich lebe das Leben, was ich gerne führen möchte.

Ich gehe die Schritte in die Zukunft voller Zuversicht und Freude.

Pierre: Diese zauberhafte Frangipani auf einer steinernen Treppe in Thailand ergriff mich wegen ihrer unschuldigen Ausstrahlung.

Ich verstand ihre Botschaft »Halt inne und betrachte das Geschenk des Augenblicks«.

Wie oft ist unser Blick verstellt und wir übersehen dabei die kleinen Glücksmomente am Rande des Weges!

Hier und jetzt

Was würdest du tun, wenn du nur noch eine Woche zu leben hättest? Würdest du in dieser verbleibenden Woche genau das gleiche machen wie bisher? Oder würdest du ganz anders leben?

Vielleicht würdest du diese Woche bewusster wahrnehmen, intensiver. Wie noch nie zuvor.

Vielleicht würde vieles aus der Vergangenheit nicht mehr einen so großen Stellenwert einnehmen. Vielleicht würdest du Frieden mit anderen schließen. Vielleicht auch mit dir selbst. Vielleicht würdest du in dieser Woche die Liebe entdecken. Die Liebe zu anderen und zu dir.

Im Hier und Jetzt gibt es nichts mehr, was uns hemmt. Bewusste Wahrnehmung ist ein Leben in Fülle. Das Wundervolle daran ist: Wir müssen nicht bis zur letzten Woche unseres Lebens darauf warten. Wir können schon jetzt damit beginnen.

Also: Was würdest du tun, wenn du nur noch eine Woche zu leben hättest? Es werden mit Sicherheit Dinge sein, die dich und andere glücklich machen.

Diese Karte ist also ein Hinweis …

sich bewusst zu machen, dass es immer nur den Augenblick in unserem Leben gibt, den wir bewusst wahrnehmen. Dieser Augenblick ist jetzt. In diesem Moment. Jetzt, da du diese Zeilen liest. Je bewusster du jeden Augenblick deines Lebens wahrnimmst, desto erfüllter wird dein Leben verlaufen.

Gehe heute folgenden Fragen nach:

Was ist dir heute wichtig? Worauf willst du dein Augenmerk richten? Was hast du Wesentliches für dich und deine Mitmenschen getan?

Hilfreich sind folgende Affirmationen:

Ich lebe im Hier und Jetzt.
Ich lasse alles Vergangene los.
Ich bin verbunden
mit der Kraft meines Herzens.

Ich erlebe jeden Moment als Moment der Fülle.

Ich nehme die Fülle des Lebens mit allen Sinnen wahr.

Intuition

Intuition ist das Zulassen von sich selbst.

Wenn wir Kontakt mit unserer Intuition bekommen möchten, brauchen wir nichts anderes zu tun, als dem nachzugehen, was sich emotional gut anfühlt. Wenn uns etwas einfällt, was wir tun wollen, dann sollen wir es tun. Wir suchen nicht nach Gründen dafür oder dagegen. Wir wägen nicht ab. Wir folgen dem Impuls.

Intuitives Handeln ist das Gegenteil von verstandesmäßigem Handeln. Intuition sendet uns den Impuls über das Gefühl. Will man auf die Stimme der Intuition hören, braucht man nur in einen inneren Dialog mit sich selbst zu treten. Anfangs ist die innere Stimme so leise, dass sie meistens überhört wird – wir alle kennen das. Wenn es dann genauso eintrifft, wie der »Bauch« anfangs »gesagt« hat – dann sind wir nicht etwa überrascht, sondern ärgern uns, weil wir es doch schon vorher »gewusst« haben. Wie wäre es, wenn wir gleich auf unsere Intuition hören würden?

Diese Karte ist also ein Hinweis …

auf die leisen Stimmen in unserem Innersten zu hören. Sie können uns besser führen als der Verstand, der sich nur auf die gewohnten Erfahrungen berufen kann.

Gehe heute folgenden Fragen nach:

Wohin geht dein stilles leises Sehnen? Was lässt dich lächeln?
Welche Gedanken und Visionen stimmen dich fröhlich und heiter?
Was wünschst du dir wirklich?

Hilfreich sind
folgende Affirmationen:

Ich höre auf meine innere Stimme.

Meine Intuition führt mich dahin, wo meine Seele glücklich ist.

Ich vertraue meiner inneren Stimme, sie weiß, was wesentlich für meine Entwicklung ist.

Meine Intuition ist kraftvoll und stark, sie führt mich zu meinem gewünschten Ziel.

Michaela:

Je näher wir auf unserer Reise nach Spitzbergen kamen, desto größer tat sich der Himmel vor uns auf. Die unendliche Weite des Universums trat in mein Leben. Ich spürte eine unendliche Kraft in mir, die mich auf ihren Flügeln in die Freiheit trug. Diese Kraft durchflutete mein ganzes Sein und ich wusste, ich kann alles erreichen – wenn ich es will.

Harmonie

Ich bin mit mir selbst in vollkommener Harmonie. Ich lasse meine Gefühle zu, sie sind die Sprache meiner Seele.

Eine Pusteblume symbolisiert Glück und erfolgreiches Wünschen. Wir schicken mit kräftigem Atem unsere Wünsche in die Welt hinaus und vertrauen darauf, dass sie sich ebenso verstreuen wie die Samen dieser Blume und auf fruchtbaren Boden fallen. Wir sind wie Kinder, die mit spielerischer Leichtigkeit an die Magie des Wünschens glauben.

Spielerische Leichtigkeit ist der beste Weg, seine Wunschkraft zu verstärken. Weil wir durch die unschuldige Freude dann in vollkommener Harmonie mit uns selbst sind. Erst wenn wir uns und unsere innersten Bedürfnisse verstehen, sind wir in Harmonie mit uns selbst. Wir haben jede Ebene unseres Seins betrachtet und in Liebe angenommen. Die Sprache unserer Gefühle zeigt uns den Weg. Wenn du nicht mehr weißt, was dich glücklich macht, dann schließe die Augen und gehe zu einer Erinnerung zurück, wo du als Kind das letzte Mal glücklich gewesen bist. Behalte dieses schöne, warme Gefühl und »spiele« damit im Alltag weiter. Denke an die Situation und lass dich davon den ganzen Tag leiten. Sei verbunden mit deinen Gefühlen und frage dich bei jeder Entscheidung, was du eigentlich sagen oder tun willst – wenn du ganz authentisch bei dir bleibst. Du wirst merken, dass es einen großen Unterschied macht, ob du die Entscheidungen aus dir heraus fällst, oder ob du einfach jemand anderen entscheiden lässt.

Diese Karte ist also ein Hinweis …

deinen Gefühlen zu vertrauen. Deine Gefühle sagen dir ziemlich klar, was noch im Unreinen mit dir ist oder in welche Richtungen du dich bewegen solltest. Schreibe deine Gedanken und Gefühle auf, damit du dich selbst verstehen lernst.

Gehe heute
folgenden Fragen nach:

Was fühlst du wirklich?
Wo führen dich deine Gefühle hin?

Hilfreich sind
folgende Affirmationen:

**Ich bin verbunden
mit meinen tiefsten Gefühlen.**

**Ich bin in liebevoller
Kommunikation mit mir selbst.**

**Ich schicke meine Wünsche
mit meiner Herzensenergie los
und vertraue auf deren Erfüllung.**

Michaela:
Pusteblumen liebe ich seit meiner Kindheit. Diese stand im Garten einer Freundin. Ich war schon lange auf der Suche nach der perfekten Symmetrie und fand sie in dieser harmonischen Form. Die kleinen Fallschirmchen, die meinen Wunsch in die Ferne tragen, sind unsichtbar verbunden mit mir und meinen Gedanken. Wenn ich in Einklang mit meinen Gefühlen bin, dann fügt sich alles um mich herum in vollendeter Harmonie.

Pierre:
Die Natur beschenkt uns mit Fülle und einer unendlichen Kraft und Stärke. So war es auch in Kapstadt, als die Sonne sich fast schon zur Ruhe legte und dann doch noch einmal für ein phantastisches Schauspiel sorgte.
Ich suchte gerade nach neuen Herausforderungen und bekam an diesem Abend so viel Energie und Ideen für ein neues Buch, das ich noch in der gleichen Nacht zu schreiben anfing. So entstand »Einfach glücklich sein«.

Freude

Je intensiver wir uns auf das gewünschte Ziel einstellen, je intensiver wir die Erfüllung unseres Wunsches durchdenken und vor unserem geistigen Auge ablaufen lassen, desto vollkommener entwickeln wir ein Resonanzfeld, das wir aussenden und das andere Menschen empfangen können. Damit locken wir genau die Möglichkeiten und »Zufälle« in unser Leben, die uns beim Erreichen unseres Zieles helfen.

Unser gesamter Körper stellt sich bereits auf das gewünschte Ereignis ein, denn das Gehirn kann zwischen Realität und Phantasie nicht unterscheiden. Für das Gehirn ist die Vorfreude bereits Realität und es schüttet Endorphine – Glückshormone – aus. Die Vorfreude hilft uns also sehr intensiv bei der Erfüllung unserer Wünsche. Wir können eine Art »Bibliothek neuronaler Verknüpfungen« in unserem Gehirn schaffen, wenn wir unsere Vorstellungskraft auf diese Weise einsetzen. Die Freude ist ein starker Motivationsträger zur Verstärkung unserer Wunschkraft. Wir blühen innerlich auf und genießen dieses emotionale Erleben.

Diese Karte ist also ein Hinweis …

sich einfach öfters in Vorfreude zu begeben. Höre harmonische Musik, visualisiere deine Wünsche und schlafe mit einem Lächeln ein. Male dir vor deinem geistigen Auge ganz genau aus, wie sich die Erfüllung deiner Wünsche anfühlt. Baue diese Erfahrung in dein Gedächtnis ein und lass sie zu deiner neuen Wahrheit werden.

Gehe heute folgenden Fragen nach:

Welche Ideen lösen bei dir spontane Freude aus? Frage dein inneres Kind, was es am meisten begeistern würde.
Sei mutig in deiner Phantasie – dir sind keine Grenzen gesetzt.

Hilfreich sind folgende Affirmationen:

Ich weiß, dass das Leben Wunder für mich bereithält.

Ich freue mich wie ein Kind über die Erfüllung meiner Wünsche.

Ich bin voller Vorfreude. Die Erfüllung meines Wunsches wird jetzt in mein Resonanzfeld gezogen.

Pierre:

Als dieses Bild entstand, begann die Abenddämmerung. Die Menschen waren längst zurück in ihren Häusern. Es gab nur mich und das Meer. Es gab nur mich als Beobachter. Und dennoch warf das Meer fast verschwenderisch mit aller Gewalt und Getöse seine Schönheit mir zu Füßen. Was macht das Meer, wenn ich nicht da bin? Wirft es dann auch Welle um Welle an den Strand?

Ja, das tut es. Denn Energie stirbt niemals. Energie währt ewig. Auch wenn du schläfst. Auch wenn du beschäftigt bist. Deine ausgesandte Energie arbeitet stets für dich weiter. Wie die Wellen des Meeres. Bis sie jemand empfängt, der deinem Ruf folgt.

Schöpferkraft

Energie breitet sich aus, wellenförmig. Energie kennt keine Grenzen und wandert ohne Unterlass in die Welt hinaus und durch sie hindurch. Wenn sie auf gleich schwingende Energie trifft, nennen wir das »Resonanz«. Diese Resonanz »antwortet« nur genau auf die Information, die wir von uns geben.

Deine Gedanken sind der Ursprung. Deine Gedanken weiten sich aus, wellenförmig, weit in die Welt. Wenn sie jemand auffängt, mag er keine Ahnung vom Ursprung deiner Gedanken haben. Aber er empfängt sie. Sie bewirken etwas. Sie hinterlassen einen Eindruck.

Wir sind die Schöpfer der Botschaft, die wir in die Welt hinaussenden. Deine ausgesandte Energie arbeitet stets für dich weiter, wie die Wellen des Meeres, bis sie jemand empfängt, der deinem Ruf folgt. Deine Umgebung spiegelt genau das wider, was du in deinem Innersten trägst. Sieh dir dein Umfeld genau an – ist es so, wie du es dir wünschst? Sind die Reaktionen deiner Mitmenschen auf dich so, wie du es dir wünschst? Wenn nicht, dann kannst du etwas ändern ...

Diese Karte ist also ein Hinweis …

sehr bewusst mit deinen Gedanken, Handlungen und Taten umzugehen. Alles, was du sagst, denkst und tust, ist eine Ursache, deren Wirkung irgendwann als Konsequenz zu dir zurückkehrt.

Gehe heute folgenden Fragen nach:

Welche Energie sendest du aus? Was kannst du besser machen? Wie kannst du deine Gedanken und Handlungen positiver gestalten? Mit welchen Gedanken stehst du morgens auf und mit welchen Gedanken gehst du abends schlafen?

Hilfreich sind folgende Affirmationen:

Ich bin offen für die Wunder in meinem Leben.

Ich sende klare Impulse in die Welt und empfange klare Botschaften.

Jeder Gedanke ist pure Energie, die ich aussende.

Wachstum

Viele Menschen verstecken sich gerne hinter einer Maske, die sie über die Jahre hinweg angenommen haben, weil sie ihnen Sicherheit verspricht. Sie spielen oftmals eine Rolle, ohne zu wissen, dass sie ihre eigene Wahrheit dadurch aufgegeben haben.

Manchmal haben wir uns so weit von uns selbst entfernt, dass wir ständig in Sorge sind, enttarnt zu werden. »Was ist, wenn alle anderen bemerken, dass ich gar nicht so toll, so wundervoll, so redegewandt, so mutig, so liebenswert bin?«

Zeige dich. Zeige dich so, wie du wirklich bist. Du bist wundervoll, einzigartig und liebenswert. Du bist es wert, geliebt zu werden – auch wenn du bisher etwas anderes geglaubt hast. Wachse über dich selbst hinaus und sei mutig – zeige dein Innerstes.

Masken bieten keine Freiheit, sondern nur die Möglichkeit, unerkannt durchs Leben zu gehen. Aber möchtest du wirklich, dass man dich nicht sieht? Möchtest du wirklich ein Leben lang unerkannt bleiben? Begrenze dich nicht länger. Höre auf dein Herz. In welche Richtung schlägt es? Und dann folge diesem Ruf. Und ... beginne zu wünschen. Es gibt keine Grenzen. Die Begrenzungen sind nur in unseren alten Glaubensmustern zu finden.

Diese Karte ist also ein Hinweis ...

dich wieder mit deiner wahren Wunschkraft zu verbinden. Was möchtest du? Sei wahrhaftig zu dir selbst, sonst lebst du nur die Wünsche anderer aus.

Gehe heute folgenden Fragen nach:

Was nützen dir Freundschaften, die mehr an deiner Maske interessiert sind, als an dir selbst? Wenn es keine Grenzen gäbe, niemanden, der dich bremsen oder zurückweisen würde, was würdest du dir in der Tiefe deines Herzens wünschen?

Hilfreich sind folgende Affirmationen:

Ich höre auf die Botschaft meines Herzens.

Ich bin verbunden mit meiner Wahrhaftigkeit.

Ich bin glücklich und dankbar, dass ich meinem Herzenswunsch folgen darf.

Pierre:

Diese Maske in Thailand auf einem kleinen Bazar wartete auf einen neuen Besitzer. Sie war ebenso kunstvoll angefertigt wie so manche Maske, die wir uns selbst im Laufe der Jahre angeeignet haben.

Was macht man als Käufer mit so einer Maske? Man versteckt sich dahinter oder man hängt sie zur Zierde an die Wand. Ich habe jedenfalls beschlossen, diese Maske einem anderen zu überlassen. Ich will mich zeigen. Ich will mich so zeigen, wie ich wirklich bin.

Das größte Geschenk an mich selbst ist es, authentisch zu sein.

Ich bin verbunden mit der Wunschkraft in meinem Herzen. So kann ich alle Grenzen überwinden – auch die in meinem Kopf.

Julia:
Die Gletscher und Bergketten erstaunten mich mit ihrer Klarheit, vollkommener Ruhe und Kraft. Dieses Bild entstand in Spitzbergen in dem – hoffentlich – ewigen Eis. Die Helligkeit, das wundervolle Blau, die Stille und die kristallklare, kalte Luft werde ich nie vergessen. Wie »klein« wir im Vergleich zu diesen gewaltigen Bergen doch sind. Aber wie »groß« wir sein können, wenn wir diese Ruhe und die Wunder zulassen können!

Erdung

Wenn wir uns bewusst den ganzen Tag zuhören, dann merken wir, wie viel Zeit wir mit bewertenden Gedanken verbringen. Ständig rotieren Sätze in unserem Kopf herum, die für unsere seelische Weiterentwicklung wenig hilfreich sind. Wir »kümmern« uns auch viel zu sehr um Dinge, die uns im Grunde genommen nichts angehen. Diese negativen Gedankenketten können wir am besten durch eine Reihe positiver Sätze durchbrechen, die wir einfach so lange wiederholen bis sie uns in Fleisch und Blut übergegangen sind.

Lass zu, dass die alten, hemmenden Glaubensmuster aus deinem Leben gehen. Steh mit beiden Beinen erwachsen in der Welt und nimm dein Leben selbst in die Hand. Warum solltest du das Ruder deines Lebens jemandem anderen überlassen? Lass dich nicht manipulieren. Wenn du mit beiden Beinen im Leben stehst, dann kann dich kein leiser Windhauch umwerfen. Sei verbunden mit dir selbst, bleib bei dir!

Diese Karte ist also ein Hinweis …

dir heute zu überlegen, wie dein Leben verlaufen würde, wenn all deine Zweifel, all deine negativen Glaubenssätze, all deine negativen Überzeugungen sich ins Positive transformieren würden. Was wäre anders? Was wäre möglich? Nimm dir heute eine negative Überzeugung, die dein Leben bremsend beeinflusst, vor und ersetze sie mit einer positiven Formulierung. Verbinde dich mit dieser neuen Aussage. Denke und sprich sie so oft wie nur möglich.

Gehe heute folgenden Fragen nach:

Welche Glücksmomente hattest du bereits in deinem Leben? Verbinde dich mit ihnen. Gibt es negative Gedankenketten, die du gerne loswerden würdest?

Ich ersetze meine negativen Gedankenketten durch positive Affirmationen. So bin ich verbunden mit dem Glück in meinem Leben.

Hilfreich sind folgende Affirmationen:

Ich freue mich über jeden positiven Gedanken in meinem Leben.

Ich erlaube mir, alles Negative aus meinem Leben zu entfernen.

Verbundenheit

Ich verbinde mich mit meinem Herzenswunsch. Ich sende ihm Kraft und Liebe.

Frühmorgens, gleich nach dem Aufwachen, sind wir meist noch mit unserem wahren Wesen verbunden. Bevor der Tag so richtig beginnt und uns mit seiner Vielfältigkeit auf andere Gedanken bringt. In dieser kurzen Zeitspanne könnten wir uns ganz nah sein und auf unsere wahren, inneren Gedanken lauschen. In diesem Moment, da die Welt sich für uns noch nicht zu drehen begonnen hat, können wir Verbindung zu unserem inneren Selbst aufnehmen. Es ist der beste Zeitpunkt, diese Kraft und Liebe, die wir für unseren Herzenswunsch spüren, über den ganzen Tag auszudehnen. In Momenten wie diesen, entstehen die wundervollsten Gefühle und neue, unverbrauchte positive Gedanken – ohne die Begrenzungen des Alltags oder die Stimmen der eigenen Zweifel. Hüte deinen Herzenswunsch wie einen kostbaren Schatz. Er gehört nur dir. Erzähle nur liebevollen Menschen von deinem Vorhaben – sonst lädst du Zweifler in dein Seelenhaus ein, die dein Energiefeld zusammenfallen lassen können wie ein Kartenhaus. Glaub an dich und deine Kraft!

Diese Karte ist also ein Hinweis …

den Moment des Aufwachens ganz allein für dich zu nutzen und dich mit deinen wahren Herzenswünschen zu verbinden. Halte diese Verbindung den ganzen Tag aufrecht. Nutze die morgendliche Stille, um deinen Wünschen Kraft zu verleihen.

Gehe heute folgenden Fragen nach:

Was wünschst du dir wirklich? Sind deine Wünsche wirklich deine Wünsche oder die anderer?

Hilfreich sind folgende Affirmationen:

Ich bin es mir wert, meine Herzenswünsche mit Liebe und Kraft zu leben.

Ich bin voller Hingabe und Liebe.

Pierre: Wenn die Sonne aufgeht, ist noch alles rein und unberührt. Dort finden wir die kraftvollsten Momente des Tages. Am Meer – in diesem Fall auf den Malediven – ist diese Stimmung ebenso atemberaubend wie von friedlicher Andacht.

Ich habe dieses kleine Zeitfenster nie ausgelassen, sondern stets weit geöffnet. Ich liebe es, wenn die Sonne aufgeht, dann bin ich eins mit mir, verbunden mit der Natur, im gemeinsamen Erwachen. In Momenten wie diesen entstehen tief in mir die wundervollsten Gefühle und neue, unverbrauchte, positive Gedanken. Ohne die Begrenzungen des Alltags oder die Stimmen der eigenen Zweifel. Aus Momenten wie diesen schöpfe ich die meiste Kraft und Zuversicht. In Momenten wie diesen tanke ich Urvertrauen und finde die wesentlichsten Ideen für neue Wege.

Weisheit

Oft machen wir uns Gedanken darüber, wie wir die Eindrücke und Dinge bewältigen sollen, die auf uns einströmen. Wir werden von Informationen überrollt und schaffen es nicht mehr, uns und unsere ureigensten Bedürfnisse wahrzunehmen. Dazu kommt noch, dass wir uns alleine fühlen und denken, dass nur uns so etwas passiert und niemandem sonst. Dieses Gefühl der Einsamkeit, Ohnmacht und des Überwältigtseins können wir beeinflussen, indem wir uns mit unserer inneren Führung verbinden.

In uns selbst gibt es eine »Instanz«, die wir »Weisheit« nennen. Sie ist immer zu unserer Verfügung und wir können sie jederzeit aktivieren. Gib einfach die Themen, für die du im Moment keine Lösung weißt, an deine innere Führung oder Weisheit ab. Lass sie los und vertraue darauf, dass die Hinweise, in welche Richtung du dich entscheiden sollst, den Weg zu dir finden.

Wenn wir in Harmonie mit unserer inneren Weisheit sind, dann erfahren wir alles über unsere wahren, authentischen Sehnsüchte und Wünsche.

Diese Karte ist also ein Hinweis ...

sich wieder mit der eigenen Führung zu verbinden. Mach dir klar, welche Werte du in deinem Leben leben möchtest. Verbinde dich mit deiner inneren Weisheit. Höre ihrer Botschaft zu, sie ist erwachsen und verantwortungsbewusst. Sie weiß, was du wirklich brauchst, um glücklich zu sein.

Gehe heute folgenden Fragen nach:

Welche Situationen in deinem Leben gibt es, die du mit Harmonie und Weisheit lösen könntest? Auf welchen Menschen könntest du zugehen und ihn mit deiner Weisheit zur Vernunft bringen? Bist du in Harmonie mit dir selbst?

54

Hilfreich sind folgende Affirmationen:

Ich bin verbunden
mit meiner
authentischen Weisheit.

Ich lebe in einem
harmonischen Umfeld.

Ich bin voller Respekt
und Liebe
für meine Mitmenschen.

Ich bin in Harmonie
mit meiner
inneren Weisheit.

Pierre:

Wahres Glück ist keine Frage des Geldes oder von anderen materiellen Dingen. Wahres Glück sind oftmals die kleinen unverhofften Momente in unserem Leben. Sie tauchen einfach auf. So wie diese Schildkröte auf den Malediven. Sie hatte sich einfach entschieden, eine Weile mit mir zu schwimmen. Und da ich nur schnorchelte, war sie so freundlich, nicht tiefer abzutauchen. Dieses Glücksgefühl der Verbundenheit mit der Natur trage ich noch heute in mir. Vielleicht kennst du auch solche Momente, die dich wieder zurückbringen in den Zustand der inneren Gelassenheit und Freude. Dort ist immer auch deine innere Weisheit zu finden.

Michaela:
Für mich ist die Natur eine unerschöpfliche Quelle der Inspiration. Das Wolkenspiel mit den wunderschönen Farben des Sonnenaufgangs oder Sonnenuntergangs begeistert mich immer aufs Neue. Jeder Augenblick ist neu – der Inbegriff der Veränderung. Dieses wundervolle Rosa der Abenddämmerung begleitete mich in Kiel zu meinem Vortrag. Ich fühlte mich in diesem Moment gesegnet und vom Leben umarmt.

Klarheit

Mit klaren Zielen bekommt unser Leben einen Sinn. Wenn wir es schaffen, für unser Leben klare Ziele zu setzen, dann werden wir uns unserer Schöpferkraft bewusst.

Wir werden beschenkt mit Leidenschaft, Feuer, Lust, Spaß und der Bereitschaft, sich für die eigenen Ziele einzusetzen. Gleichzeitig stimmen wir uns durch die dabei entstehende Vorfreude bereits positiv auf die Erfüllung unserer Wünsche ein. Alles, was uns im Weg stehen könnte, wird durch unsere euphorische Energie aufgelöst. Je genauer wir unsere Wünsche formulieren, desto klarer können sie in Erfüllung gehen. Man könnte es auch mit einem Bauplan vergleichen – je präziser die Zeichnung ist, desto genauer können die Bauleute das Haus bauen. Die Matrix, die du für dein Leben erstellst, sollte so klar wie möglich sein – dann kann sich dein Energiefeld sichtbar formen. Je klarer deine Vision ist, desto sicherer ist es, dass sie in die Welt kommt. Eine starke Vision, gepaart mit einem starken Gefühl – das ist Schöpferkraft.

Diese Karte ist also ein Hinweis …

sich wieder klare Ziele zu setzen. Mach dir eine Liste und schreibe deine Wünsche ganz präzise auf. Sei ehrlich zu dir selbst und formuliere deine Wünsche so genau wie möglich. Das Bewusstmachen deiner Ziele gibt dir Sicherheit und erweckt die Begeisterung in dir.

Gehe heute folgenden Fragen nach:

Wohin soll die Reise deines Lebens gehen? Welche Visionen hast du? Welche Ziele hast du bereits erreicht? In welchen Bereichen liegt deine Sehnsucht noch vergraben?

Hilfreich sind
folgende Affirmationen:

Ich habe ein klares Ziel vor Augen.

Meine Wünsche und Sehnsüchte
sind bereits erfüllt.

Ich liebe das Leben und das Leben liebt mich.

Ich bin frei, alles
in meinem Leben zu realisieren.

Ich bin in meiner Zielsetzung
bewusst und klar
und kommuniziere sie
auf liebevolle Weise.
Ich schenke meinen
Wünschen Kraft und Stärke.

Achtsamkeit

Ich bin
in Resonanz
mit liebevoller
Achtsamkeit.

Wir sind umgeben von Wundern. Doch sind wir oft so beschäftigt mit Gedanken oder Erinnerungen an unsere Vergangenheit und mit Hoffnungen an unsere Zukunft, dass wir völlig vergessen, wie wundervoll jedes Detail bereits jetzt in unserem Leben ist. Um diese kleinen und großen Wunder wieder sehen zu lernen, gibt es nur eines: Achtsamkeit.

Achtsamkeit bedeutet, seine Sinne wieder zu mobilisieren, um den Radius der Wahrnehmungen zu erweitern. Die Arme dem Himmel entgegenzustrecken und tief durchzuatmen, um unsere Verbindung zwischen oben und unten in uns einzulassen. Langsam zu essen und zu trinken, um das Geschenk der Nahrung zu ehren. Bewegungen voller Bedacht zu tun, um unserem Körper Zeit zu geben, sich im Raum zurechtzufinden.

Wenn wir achtsam sind, sind wir ganz bei dem, was wir tun. Wir sind mit allen unseren Sinnen voll und ganz dabei. Wir spüren die Magie des Augenblicks und das Geheimnis der Zeit. Wir leben ganz bewusst und sind von Leben durchflutet. Jede Berührung, jedes Wort, jeder Gedanke ist erfüllt von diesem Augenblick. Viele Tätigkeiten können wir mit neuer Achtsamkeit tun, um unsere Einstellung dazu zu verändern. Wir sind umgeben von Wundern. Eines davon bist du. Vielleicht hast du es nur vergessen.

Diese Karte ist also ein Hinweis …

heute einmal nur die kleinen Dinge, die auf so wundersame Weise Fülle in dein Leben bringen, zu betrachten. Vielleicht sind es mehr Dinge, als du denkst.

Gehe heute folgenden Fragen nach:

Welches Detail fällt dir ins Auge? Was ist dir auf deinen täglichen Wegen bisher noch nicht aufgefallen? Was ändert sich in deinem Leben, wenn du einmal beginnst, ganz bewusst wahrzunehmen?

Hilfreich sind folgende Affirmationen:

Ich bin voller Glück.

Ich bin im Hier und Jetzt und genieße jeden Augenblick.

Ich öffne mein Herz für die kleinen, großen Wunder des Alltags.

Pierre: Das Bild entstand an einem Frühstückstisch in einem Hotel. Eine einsame Blume tat das, was ihr das Leben eingehaucht hatte. Schön zu sein, zu strahlen, zu blühen, Glück zu schenken. Gleichgültig in welcher Umgebung. Im Getümmel und Lärm eines hektischen Frühstücksraumes brachte mich diese einzelne Blume zurück in meine eigene Achtsamkeit. Und plötzlich war mein Tag voller Ruhe und Gelassenheit.

So tun als ob

So zu tun, als ob der Wunsch bereits erfüllt wäre, ist eine der stärksten »Erfolgreich-Wünschen«-Methoden. Du gehst in die Vorfreude, wir sind glücklich und voller Enthusiasmus.

Sei fest gestimmt in der Annahme, dass sich das Gewünschte bereits auf dem Weg zu dir befindet. Glaube ganz fest daran, gib deinen Zweifeln keinen Raum, sonst bricht das Energiefeld wieder zusammen. Wünsche in der Gegenwart! Unser System kennt keine Zeit – es kennt nur unterschiedliche Bewusstseinsebenen. Jede Bewusstseinsebene hat ihre eigenen energetischen Regeln. Oft braucht es ein wenig Zeit, um in unserer Ebene zu erscheinen – sei geduldig. Die Ungeduld führt wieder Zweifel mit sich.

Wenn du dich in der Vorfreude befindest, dann ziehst du die ganze Manifestationsenergie in deine Gegenwart hinein. Du gehst davon aus, dass sie jetzt zu deiner Verfügung steht. Du bist dankbar und glücklich, dass dein Leben zum jetzigen Zeitpunkt die Erfüllung deiner Wünsche willkommen heißt.

Diese Karte ist also ein Hinweis ...

dich in deinen Wunsch hineinzufühlen und hineinzudenken. Mach eine Wunsch-Collage, hänge sie sichtbar in deiner Nähe auf und korrigiere sie, wenn du noch etwas hinzufügen möchtest. Betrachte sie immer wieder, spüre, wie glücklich du dabei bist und wie viel Kraft es dir gibt. Lass durch deine Gefühle ein Magnetfeld entstehen, welches das Gewünschte in dein Leben zieht.

Gehe heute folgenden Fragen nach:

Wo kannst du noch deine Überzeugungen stärken?
Wie kannst du deine Vision optimieren?

Hilfreich ist folgende Affirmation:

Ich bin überzeugt davon, dass meine Wünsche jetzt in Erfüllung gehen.

Ich darf glücklich und zufrieden sein – das Leben hält für mich Geschenke bereit, ich darf sie annehmen.

Ich bin dankbar, dass ich die Verbindung zu meinem Herzen leben darf.

Ich bin glücklich und dankbar, dass sich mein Wunsch jetzt erfüllt.

Pierre:

Es gibt viele magische Orte auf dieser Erde. Orte mit einer ganz eigenen Kraft und Energie. Das Meer ist immer so ein magischer Ort für mich. Das Meer in der Nähe des Nordkaps besitzt eine noch wesentlich stärkere Energie. Als ich es beobachtete, gab ich mich vollkommen dieser Energie hin und empfand ein unbändiges Glücksgefühl. Für mich war es ein Ort, bei dem ich mich mit der Fülle meines Lebens verband. Noch heute geht es mir so, wenn ich das Bild betrachte. Dann bin ich wieder erfüllt von der unendlichen Weite und fühle mich reich beschenkt.

Michaela:
Die Orchidee habe ich in Thailand in einem Garten entdeckt und ihre Schönheit hat mich in ihren Bann gezogen. Diese reine Ausstrahlung, diese Aura von Vollkommenheit ließ mich ganz bescheiden werden. Die Natur ist göttlich – meine Natur ist göttlich – deine Natur ist göttlich!
Wir sind reine Wesen, die auf dem Pfad des Lebens Ballast aufladen, um uns neu zu spüren. Jetzt ist es Zeit, diesen Ballast wieder abzuwerfen und die eigene Schönheit anzuerkennen.

Schönheit

Die Schöpfung ist vollkommen. Sie ist ein unerschöpflicher Reichtum an Erfahrungen und Entwicklungen. In ihr und durch sie können wir zu den Tiefen unseres Seins vordringen. Wir wachsen und blühen auf, um unsere Schönheit strahlen zu lassen wie eine Blume. Diese Orchidee bezaubert durch ihre Reinheit und Unschuld. Sie ist vollkommen. Sie trägt durch ihre Einzigartigkeit zur Fülle der Schöpfung bei. Auch du bist schön! Du trägst die Vollkommenheit in dir – lass sie zu und lebe danach! Vergleiche dich nicht mit anderen! Sich zu vergleichen macht unglücklich. Es wird immer jemanden geben, den du schöner, jünger, begehrenswerter findest als dich – wem nützt das? Wer leidet? Nur du! Deine kostbare Energie verschwendest du damit, alle anderen schöner zu finden als dich … warum? Setze deine Energie für deine innere Schönheit ein. Wer sich innerlich schön fühlt, hat eine starke Ausstrahlung – Charisma ist eine Frage des Selbstwertgefühls.

Diese Karte ist also ein Hinweis …

die Reinheit in dir zu finden und sie nach außen zu tragen. Reine Gedanken zu denken, reine Handlungen zu vollziehen und die eigene Schönheit anzunehmen. Lass alles los, was nicht vollkommen ist – unbefriedigende Freundschaften, belastende Gedanken und Emotionen, alte Dinge, die du schon lange nicht mehr benutzt hast.

Gehe heute folgenden Fragen nach:

In welche Bereiche deines Lebens kannst du Schönheit hineinbringen? Schaffst du es, deine Gedanken nur auf Schönheit und Reinheit zu konzentrieren?

Hilfreich sind
folgende Affirmationen:

Ich bin innerlich und äußerlich schön.

Meine Schönheit entfaltet sich Tag für Tag.

**Meine Augen und mein Herz
sehen nur das Schöne im Leben.**

Ich sehe in allem vollkommene Schönheit und erschaffe dadurch Fülle in meinem Leben.

Kraft

Ich habe alle Kraft und Energie, die ich zur Erfüllung meiner Wünsche brauche.

Oftmals haben wir das Gefühl, nicht genügend Kraft zur Verfügung zu haben. Aber das entspricht nicht der Wahrheit. Wir haben nur nicht gelernt, wo die Kraft in uns sitzt und wie wir sie einsetzen können. Die »Schaltzentrale« für unsere Kraft ist unser Herz. Unser Herz zeigt uns – mittels Emotionen – den Weg. Unsere Gedanken formulieren diese Energie und bündeln sie. Am Anfang steht die Frage: Wo will ich hin? Denn wo ein Wille ist, ist auch ein Weg. Wenn man etwas aus tiefstem Herzen will, dann kommen auch die entsprechenden Möglichkeiten auf einen zu. Kraft bekommen wir, wenn wir uns freuen, wenn wir glücklich sind, wenn wir das Gefühl haben, dass uns etwas gelungen ist. Auch die Erinnerung an diese schönen Momente gibt uns Kraft – hol sie dir einfach wieder. Steig in die Bilder ein, wo du alle Kraft dieser Welt hattest, wo du »Bäume ausreißen« konntest. Du hast bereits alle Kraft zu deiner Verfügung – du hast sie nur auf deinem Weg verloren oder jemandem anderen gegeben. Hol dir deine Kraft wieder zurück! Lass dich nicht einspannen für das Leben anderer Menschen.

Diese Karte ist also ein Hinweis …

dir bewusst zu machen, dass du die Kraft bereits besitzt, die du brauchst. Du musst sie nur aktivieren. Setze dich jeden Tag für ein paar Minuten hin und gehe in einen inneren Dialog mit dir. Entscheide dich, deine Kraft zu leben.

Gehe heute folgenden Fragen nach:

Spüre in dich hinein und frage dein Herz: Was willst du wirklich? Wer oder was kostet dich Kraft?

Hilfreich sind folgende Affirmationen:

Ich lebe meine Kraft
auf der gewünschten Ebene aus.

Ich bin voller Energie
und Tatendrang.

Meine Ideen sprühen
aus mir heraus
und ich begeistere die Menschen,
die mir bei der Verwirklichung
helfen.

Michaela:

Feuerwerke symbolisieren für mich – nicht nur an Silvester – eine explosive, sich spontan entladende Energie. Dieses Bild entstand um Mitternacht in einem öffentlichen Park in Kanada als Abschluss-Zeremonie. Zu klassischer Musik wurden die schönsten Formationen in den nächtlichen Himmel entlassen. Mein Herz staunte über die Farbenpracht und ich freute mich innerlich wie ein kleines Kind.

Selbstliebe

Ich denke und rede nur positiv über mich selbst. So sende ich nur positive Energieströme aus.

In unserer Welt kann sich nur das verwirklichen, woran wir aus tiefstem Herzen glauben. Das gilt vor allem im Hinblick darauf, was wir über uns selbst glauben. Die Meinung, die wir über uns selbst haben, bestimmt unser Erleben. Dies bedeutet natürlich auch, dass wir erst dann die Kraft und die Macht besitzen, Dinge zu entwickeln, wenn wir verstehen lernen, dass alle Kraft und alle Macht aus unserem Inneren entspringt und nicht von außen auf uns zukommt. Die äußere Welt spiegelt also stets unser inneres Bewusstsein wieder. Die größten Probleme in unserer Welt entstehen aus mangelnder Selbstliebe. Wenn wir uns selbst nicht genügend lieben und respektieren, dann suchen wir diese Liebe im Außen. Wir projizieren unsere Probleme nach außen und leiden darunter, dass man uns nicht wahrnimmt. In Wahrheit sind wir selbst es, die wir zuerst achten sollen. Nur wenn wir wissen, was Liebe ist, können wir sie auch weitergeben.

Diese Karte ist also ein Hinweis …

einmal all die alten negativen Überzeugungen und Meinungen über dich selbst zu überprüfen und ganz bewusst für eine gewisse Zeit nur positiv über dich zu reden und zu denken. Durch die neuen positiven Gedanken über dich bringst du andere Ebenen zum Schwingen und ziehst so neue Erfahrungen in dein Umfeld.

Gehe heute folgenden Fragen nach:

Was magst du an dir besonders gern? Wie würdest du dich in wenigen Sätzen positiv beschreiben? Wie sähe eine Partnerschaftsanzeige über dich aus? Formuliere sie auf einem Blatt Papier.

Hilfreich sind folgende Affirmationen:

Ich bin ein liebevoller Partner.

Meine Beziehungen sind getragen von Harmonie, Respekt und Liebe.

Ich befinde mich in einer liebevollen Umgebung.

Ich liebe mich selbst, so wie ich bin.

Pierre:

Für mich ist das Meer immer ein Ort, an dem ich am schnellsten zu mir zurückfinde. Dort fällt es mir meist sehr leicht, mich ganz bewusst auf neue Ereignisse positiv einzustimmen. So war es auch an diesem Abend auf Mallorca. Eigentlich ein Abend wie jeder andere. Wie tausende zuvor. Und doch war alles ganz anders. Weil ich mich dazu entschieden hatte, den Abend zu einem ganz besonderen Moment werden zu lassen. Ich betrachtete den Sonnenuntergang und stellte mir vor, dass die goldene Wärme dieser Sonnenstrahlen auf direktem Weg in mein Herz strömte. Diese Wärme spüre ich noch heute, wenn ich dieses Bild betrachte.

Michaela:
Dieses Bild entstand im Botanischen Garten in Kanada. Schmetterlinge flogen um mich her und ich sah, wie diese Blüte im Licht badete: ihre Blütenblätter optimal zum Licht gerichtet und in ihrem Wesen wie eine hingebungsvolle Tänzerin geformt.

Ich beschäftigte mich lange mit diesem kleinen »Superstar« und meinte fast die Energie der Freude darüber zu spüren, dass sie soviel Aufmerksamkeit von mir bekam.

Erfolg

Das Leben ist ein Fest!

Feiere und freue dich über jede Kleinigkeit! Die vermeintlich »kleinen« Dinge im Leben führen auf die »großen« Dinge zu. Wann spüren wir denn am deutlichsten, dass wir mit dem Leben verbunden sind? Wenn wir Erlebnisse haben, die starke Emotionen in uns hervorrufen.

Verbinde dich mit der Freude über dein Dasein, deine Entwicklungsschritte, deine Erkenntnisse! Sei glücklich darüber, dass du das Leben mit allen Sinnen spüren kannst! Die einzige Person, die dich davon trennen könnte, bist du. Mach die seelische Türe wieder auf, lass Licht hinein! Du wirst sehen, wenn du deinen Blick darauf richtest, dass du bereits Erfolg hast, und auch dankbar dafür bist, dann wird dir der Erfolg auf Schritt und Tritt begegnen. Sei entspannt, alles braucht seine Zeit – auch die Bewusstseinsveränderung. Sei geduldig mit dir.

Sei stolz auf dich, wie du auf dein Kind stolz wärest, wenn es wieder etwas geschafft hätte. Du leistest so viel! Mach dein Herz dir gegenüber auf und fang an, es zu sehen!

Diese Karte ist also ein Hinweis …

dich selbst und das Leben zu feiern! Wir haben so viele Gründe glücklich zu sein! Schau auf den Erfolg, den du bereits hast. Öffne dich für deinen eigenen Erfolg und sieh, was du bereits geleistet hast. Schreib auf, was du auf deinem Lebensweg bis jetzt geschafft hast – du wirst erstaunt sein, wie viel es ist. Umarme dich dafür!

Gehe heute folgenden Fragen nach:

Worauf bist du stolz? Was hast du bereits in deinem Leben verwirklicht? Feiere dich dafür!

Hilfreich sind
folgende Affirmationen:

Ich bin erfolgreich und glücklich.

Mein Erfolg dient dem Wohle aller.

Ich freue mich über jeden Entwicklungsschritt, den ich mache.

Ich feiere jeden noch so kleinen Erfolg. Meine Freude zieht dadurch noch größere Erfolge in mein Leben.

Liebe

Ich bin voller Liebe und erschaffe dadurch Liebe in meinem Leben.

Die Liebe ist die stärkste Kraft im Kosmos. Ohne die Liebe gäbe es keine Schöpfung. Sie ist eine unendliche Kraft, die sich durch alle Fasern unseres Seins zieht. Wenn wir etwas aus Liebe heraus tun – sei es für einen Mitmenschen oder für ein Projekt – dann sind wir glücklich. Die Liebe beflügelt uns, zum Schöpfer zu werden. Durch die Liebe erschaffen wir ein Feld der liebevollen Gemeinsamkeit. Dieses Feld wächst, wird größer und potenziert sich.

Alles, was du von der Liebe erwartest, solltest du bereit sein selbst zu geben. Unser Anspruchsdenken verleitet uns oft dazu, Liebe einfach als selbstverständlich hinzunehmen. Wir denken, dass sie da zu sein hat – aber wenn du sie nicht gut behandelst, dann geht die Liebe still und leise weg. Liebe wird nur durch Liebe genährt. Du kannst dich entscheiden, die Liebe in deinem Leben zu achten oder mit Füssen zu treten. Das, auf das du deine Aufmerksamkeit hinlenkst, bekommt die meiste Kraft.

Diese Karte ist also ein Hinweis …

alles, was du tust, mit Liebe zu tun. Wenn du etwas nicht lieben kannst, dann lass es aus deinem Leben gehen, denn dann kostet es dich Kraft. Wenn du Liebe gibst, dann bekommst du Liebe geschenkt und es gibt dir Kraft. Wende dich den Ebenen zu, die dir Liebe geben.

Gehe heute folgenden Fragen nach:

Welchen Dingen oder Beziehungen in deinem Leben gibst du Liebe? Beobachte aufmerksam deine Handlungen, sind sie durch Liebe geprägt? Wie viel Liebe gibst du? Welche Ebenen deines Lebens sind noch nicht von Liebe getragen? Mach dir eine Liste mit zwei Spalten:

In die eine Spalte schreibst du hinein, was du bereits an Liebe gibst, und in die andere Spalte schreibst du, wie viel Liebe du empfängst.

Hilfreich sind folgende Affirmationen:

Ich bin voller Liebe und Zuneigung zu meinen Mitmenschen.

Ich bin liebenswert.

Ich liebe das, was ich tue, diese Liebe strahlt durch mein ganzes Tun.

Pierre:
Mich beeindruckt die Kraft und Ausdauer von Zugvögeln, die weite Strecken über dem offenen Meer zurücklegen. Dieses Bild entstand auf der Fahrt nach Spitzbergen, als ich vom Schiff hinaus aufs Meer blickte. Ich beobachtete, wie der Vogel in der Abenddämmerung seine Kreise drehte, als ob er mit mir kommunizieren wollte. Ich verstand für mich, dass nur das Zusammenspiel von Kraft, Energie, Ausdauer, gepaart mit einem innerlichen Freiheitssinn, uns über die Dinge erheben lässt – zu unserer eigenen Vollkommenheit hin.

Julia:
Mich begeisterte schon immer die Symmetrie der Natur. Diese Blätter sind aus Thailand und ich habe länger gewartet bis das Sonnenlicht optimal hinter das Blatt fiel, um die Adern sichtbar zu machen. Ich finde es spannend zu beobachten, dass alles lebt und wächst und unbeirrbar seinen Zweck innerhalb einer riesengroßen Gemeinschaft erfüllt, so wie wir.

Frieden

Das, was du denkst, wirst du im Laufe der Zeit. Deine Gedanken spiegeln sich in deinem Umfeld wieder, in deinen Beziehungen und auch in deinem Gesicht. Gedanken sind wie Pfeile, sie treffen sehr präzise ihr Ziel – nur wissen wir meistens nicht, wohin wir sie schicken. Die Welt mit anderen Augen sehen zu lernen, bringt dich zu deiner wahren Bestimmung. Nichts ist, wie es scheint. Alle Menschen sind mit sich beschäftigt und nur an bestimmten Kreuzungspunkten gibt es Kontakt. Die Art und Weise, wie diese Begegnung für dich aussieht, bestimmst nur du – es ist deine Entscheidung. Du kannst jede Information drehen und wenden – wie du es wünschst. Dir ist sicher schon aufgefallen, dass – je nach deiner Grundstimmung – die gleiche Situation in dir unterschiedliche Reaktionen hervorruft. Was ist passiert? Nur deine Gedanken, die diese Sache unterschiedlich eingeordnet und bewertet haben, spielen dir eine Wirklichkeit vor – für die du dich in diesem Moment entschieden hast. Sei voll von liebevollen Gedanken, denke über jeden Menschen nur das Beste, dann erscheint dir deine Umgebung friedlicher und lebenswerter. Dein Umfeld, deine Beziehungen gewinnen an Qualität, der Respekt, den du dir wünschst, wird dir entgegengebracht und deine Ausstrahlung gewinnt an Wärme.

Diese Karte ist also ein Hinweis …

ein liebevolles und friedliches Umfeld zu erschaffen. Achte sehr genau auf jeden Gedanken, der dir durch den Kopf geht – halte ihn fest und überprüfe genau, ob er dazu dient, ein liebevolles und friedliches Umfeld zu erschaffen. Sei friedlich und handle verantwortungsvoll.

Gehe heute folgenden Fragen nach:

Was hält dich davon ab, ständig in dieser liebevollen Energie zu bleiben?
Wer oder was schafft es, deine Schwachpunkte zu provozieren?
Wie kannst du diese Dinge in deinem Leben bewusst verändern?

Liebevolle Gedanken erschaffen eine liebevolle Umgebung.

Hilfreich ist folgende Affirmation:

Ich spüre tiefen Frieden in mir.

Reichtum

Innerer und äußerer Reichtum sind mein natürlicher Lebensweg.

Wir sind bereits reich. Wir haben unendlich viele Möglichkeiten und Fähigkeiten. Wir sehen sie nur nicht, weil wir uns in dieser Gesellschaft fast nur an materiellem Reichtum messen. Wenn wir uns mit anderen vergleichen, werden wir unglücklich und unzufrieden.

Innerer Reichtum und äußerer Reichtum schließen sich nicht aus. Wir dürfen spirituell sein und im Außen Materie besitzen. Es gibt keine Regel, die besagt: »Wenn du in Kontakt mit deinem göttlichen Selbst bist, dann musst du arm sein.« Diese Überzeugung ist uralt und völlig überholt. Du verdienst es, in Wohlstand zu leben. Es ist sogar so, dass du dein göttliches Selbst ehrst, wenn du in Wohlstand und Reichtum lebst. Sei dankbar dafür, dass du mit deinen Talenten und Fähigkeiten in der Fülle lebst. Erlaube dir, deinen Wohlstand zu leben – du darfst reich sein. Es gibt niemanden, der dir das verwehren könnte – nur du selbst. Lass die Fülle durch dein Leben fließen und denke »groß«. Erlaube dir, noch viel mehr Gutes vom Leben anzunehmen. Es ist genug für alle da – du nimmst niemandem etwas weg, wenn du Reichtum und Fülle in deinem Leben realisieren willst.

Diese Karte ist also ein Hinweis …

dich reich zu denken. Fühle dich reich und nimm die Fülle des Lebens für dich in Anspruch. Erlaube dir, dich auch auf deinen äußeren Reichtum zu konzentrieren – du bleibst weiterhin ein guter Mensch. Du hast viele Chancen – nutze sie.

Gehe heute folgenden Fragen nach:

Welchen Reichtum lebst du vorrangig aus?

Gibt es eine Verbindung in deinem Leben zwischen innerem und äußerem Reichtum? Was willst du darstellen? Was sollen die Menschen von dir wahrnehmen?

Hilfreich sind folgende Affirmationen:

Ich bin innerlich und äußerlich reich.

Ich erlaube mir meinen inneren Reichtum nach außen zu tragen und damit erfolgreich zu sein.

Ich bin erfolgreich und glücklich.

Michaela:
Die tosenden Niagarafälle sind nicht nur ein Naturwunder, sondern auch ein Energie-Wunder. Wenn ich am Rande der Fälle stehe, dann würde ich mich am liebsten diesem Fluss hingeben. Ein Teil von mir verbindet sich mit dem Wasser und nimmt die Informationen der Moleküle auf. Ich fühle mich rein und reich zugleich. Das Wasser erzählt mir seine Geschichte und ich fühle mich beschenkt und gesegnet. Manchmal entsteht ein Regenbogen – dann kann ich meine Tränen vor Glück kaum zurückhalten.

Michaela:
Der Kräutergarten in Bad Wörishofen lockt jedes Jahr viele Besucher an – zu Recht.
Wer einmal von einem duftenden Beet zum anderen gewandert ist, den lässt die Lust nach neuen Sinneseindrücken nicht mehr los.
Diese Wassertropfen sammelten sich auf dem Blatt eines Frauenmantels. Sie erzählten mir die Geschichte von Gemeinsamkeit und Individualität, von Gleichheit und Unterschiedlichkeit.

Wahrhaftigkeit

Wahrhaftig zu sein, gehört zu den größeren Herausforderungen in unserem Leben. Wir sind erzogen worden, uns zu verhalten, um etwas zu bekommen. Wir sollten uns verstellen, unser wahres Gesicht nicht zeigen, unsere Gefühle verdrängen – um gesellschaftsfähig zu sein. Wir haben den leisen Ruf der inneren Stimme ignoriert, um »überleben« zu können. Aber um welchen Preis? Jetzt ist die Zeit gekommen, dich zu entdecken. Deine ureigensten Wünsche, deine Bedürfnisse, deine Sehnsüchte wahrzunehmen und diese in die Tat umzusetzen. Egal, was die anderen von dir denken oder sagen. Sei authentisch in dem, was du tust. Das kann erst einmal deine Umgebung irritieren – aber es lohnt sich, in diesem Entwicklungsprozess zu bleiben. Du wirst Seiten an dir kennenlernen, die du vorher nur ahntest. Du wirst auf Widerstände stoßen, weil Veränderung immer auf Widerstand stößt. Sei authentisch und folge nur deiner inneren Stimme und deinem Gefühl. Nur dann lernst du dein wahres Ich kennen.

Diese Karte ist also ein Hinweis …

wahrhaftig zu sein in Gedanken, Worten und Taten. Lerne deine wahren Wünsche kennen und folge ihnen – egal, was in deinem Umfeld passiert. Bleib bei dir und deinen Gefühlen. Das, was du fühlst, bringt dich wieder zu dir zurück. Es ist egal, ob etwas »unlogisch« erscheinen mag – für Herzenswünsche gibt es keine Logik!

Gehe heute folgenden Fragen nach:

Welche Menschen in deiner nächsten Umgebung schwächen oder stärken dich? Kannst du »Nein« sagen?
Tust du die Dinge, die du tun sollst, aus freien Stücken? Oder treibt dich »etwas« an? Schreibe alle dich hemmenden Sätze aus deiner Vergangenheit auf und löse dich von ihnen.

Ich umgebe mich
mit Menschen und Dingen,
die mich und meine Seele
stärken.

Hilfreich sind folgende Affirmationen:

**Ich bin wahrhaftig
in Gedanken, Worten und Taten.**

**Ich lebe meine wahren Wünsche aus
und folge meinem Seelenauftrag.**

Michaela: Diese Seerose in Thailand gefiel mir besonders ob ihrer Vielfalt. Unendlich vielzählig öffneten sich am Morgen die Blütenblätter und gingen in der Abenddämmerung wieder »schlafen«.
Immer dann, wenn wir zum Frühstück gingen, kamen wir an dem kleinen Seerosenteich vorbei. Ich begrüßte die Seerose jeden Morgen und bedankte mich bei ihr für ihre Hingabe an das Leben.

Lob

Wir brauchen Streicheleinheiten für die Seele. Unser inneres Kind möchte spielen und mit Spaß und Freude das Leben leben. Diese Freude können wir uns selbst gönnen, indem wir uns für die kleinen und großen Herausforderungen, die wir geschafft haben, loben. Wenn du dich für das achtest und respektierst, was du bereits erschaffen hast, dann kommt dir – nach dem Gesetz der Resonanz – Achtung und

Respekt entgegen. Jede Etappe, die du in deinem Leben meisterst, ist ein voller Erfolg! Wenn du das noch nicht so sehen kannst, dann ändere deine Sichtweise. Deine Handlungen sind von einer inneren Logik getragen, dir die beste Lernaufgabe für deine Seele heranzutragen. Nimm jeden Entwicklungsschritt voller Begeisterung an und freue dich, dass du wieder etwas lernen darfst!

Behandle dich so, wie du von anderen Menschen behandelt werden möchtest. Du hast dein Lob verdient! Freue dich über jede Kleinigkeit! Damit übst du deine Glücksfähigkeit. Der innere Raum der Freude weitet sich und du fängst an, nur noch aus deinem Herzen zu leben.

Diese Karte ist also ein Hinweis …

dir innerlich auf die Schulter zu klopfen und dir zu sagen, wie gut du diese Sache gemeistert hast! Du gibst dein Bestes – dass andere Menschen dies nicht sehen, sagt etwas über sie aus, nicht über dich. Du bist vollkommen in Ordnung, so wie du bist! Du bist ein Meister, der übt … Fang an, gut zu dir zu sein, dann dürfen andere Menschen auch gut zu dir sein.

Gehe heute folgenden Fragen nach:

Wie streng bist du mit dir?
Kennst du diese Strenge vielleicht
aus deiner Kindheit?
Wie oft pro Tag lobst du dich?
Wie kannst du die Beziehung zu dir selbst
noch verbessern?

Ich freue mich über mich selbst und lobe mich immer für alles, was mir gelingt.

Hilfreich sind
folgende Affirmationen:

Ich bin wundervoll.

Ich liebe mich und meine Fähigkeiten.

Pierre:
Es war ein stürmischer Tag in Thailand – die Winde pfiffen uns um die Ohren und das Boot schwankte hin und her. Als sich das Unwetter langsam wieder verzog, brachen die Sonnenstrahlen durch die dicke Wolkendecke durch. Mein Herz hüpfte vor Freude. Es war, als ob die Engel uns zurufen würden: »Macht euch keine Sorgen, ihr seid beschützt«. Für mich sind solche erhabenen Naturschauspiele der Beweis für die göttliche Ordnung.

Segen

Wir sind reich beschenkt mit den Dingen des Lebens. Wir sind gesegnet mit Fähigkeiten, die wir nur bewusst aktivieren müssen, um ein schöneres Leben zu führen. Wir werden geliebt und geführt.
Die Schöpfung ist vollkommen – alles läuft nach Plan. Du hast deine ureigene Aufgabe innerhalb des großen Ganzen. Wir brauchen nur in uns hineinzuhören, uns zu entspannen und unserer inneren Stimme zu lauschen. Sie führt uns zu unserer Berufung. Sobald wir tief in uns wissen, was unsere Aufgabe ist, sind

wir erfüllt von Freude und Begeisterung und unsere Energie wird unerschöpflich sein. Sich bewusst zu sein, wie überreich wir beschenkt worden sind, erfüllt uns mit tiefer Dankbarkeit. Das Gefühl der Dankbarkeit bildet die Basis für die Liebe und Freude, die wir in die Erfüllung unserer Wünsche legen.

Strahle ununterbrochen lichtvolle Gedanken aus und sprich nur liebevolle Worte. Die Art und Weise, wie wir uns zeigen, ist maßgeblich für die Reaktionen unserer Umgebung. Wenn du nur auf verschlossene Türen stößt, dann wende dich den Türen zu, die offen sind. Verschwende keine Energie dabei, etwas ändern zu wollen, was sich aus sich selbst heraus nicht ändern will. Gehe dahin, wo man dich mit offenen Armen empfängt.

Diese Karte ist also ein Hinweis …

dein Herz zu »erleichtern« und die Freude wieder zu spüren. Bleib bei deiner Strahlkraft und verzeihe denen, die dich daran hindern wollen.

Gehe heute folgenden Fragen nach:

Spüre in dich hinein, was du den Menschen geben kannst.
Was ist dein ganz persönlicher Beitrag
zum großen Ganzen?

Meine Liebe
und Freude beflügeln
mein Herz.
Ich bin gesegnet
und voller Dankbarkeit.

Hilfreich sind
folgende Affirmationen:

Ich bin gesegnet mit vielen Talenten.

**Ich bin von Herzen dankbar
für mein reiches Leben.**

**Ich lebe mein Leben
in Harmonie und Wahrhaftigkeit.**

Julia: Globale Erwärmung ist heutzutage ein aktuelles Thema. Doch die Ausmaße begreift man erst, wenn man selbst sieht, wie schnell dieser Eisblock vor der Küste Norwegens zu einem Eiswürfel wird. Natürlich verändert sich alles im Leben, nichts bleibt bestehen, so wie es war. Ich finde, wir sollten bereit sein, Veränderung in unserem Leben anzunehmen, aber auch verantwortungsvoll mit der Umwelt umgehen, damit wir alle noch die Wunder unseres Planeten erleben können.

Offenheit

Offen für die Wunder des Lebens zu sein, ist der Schlüssel zum Glück. Mit offenem Herzen die Welt zu durchwandern, bedeutet, sie zu umarmen. Offenheit bedeutet flexibel zu sein, Toleranz zu leben und die Andersartigkeit der verschiedenen Individuen zu akzeptieren.

Wir sind alle gleichwertig – und doch sind wir nicht alle gleich. Jeder ist sein eigener Schöpfer seiner eigenen Wirklichkeit mit ganz eige-

82

nen Gesetzmäßigkeiten. Offen zu sein bedeutet, die Seelentüren weit aufzumachen und das Leben mit seinen Bedingungen zu verstehen – ohne es zu bewerten. Die Trennung, Isolation und der Schmerz beginnen damit, dass wir den anderen bewerten, beurteilen und verurteilen. Er passt angeblich nicht in unsere Welt, wir wollen ihn »weg haben«, wollen uns abwenden und abtrennen. Das wird uns nicht gelingen, denn wir sind alle Eins. Wir gehören alle zu einer großen Seelenfamilie mit unterschiedlichen Lernaufgaben. Wir sollten offen sein für das, was kommt und uns nicht in Bewertungen verstricken, die nur negative Gefühle in uns hervorrufen, und somit auch ein negatives Resonanzfeld.

Denn wenn wir uns auf das Gute in unserem Leben konzentrieren, vermehren wir diesen Aspekt. Es wird also noch mehr Gutes in unserem Leben entstehen. Wenn wir uns ausschließlich auf unser eigenes Licht konzentrieren, schenken wir auch anderen Menschen Licht und weisen ihnen den Weg.

Diese Karte ist also ein Hinweis …

dich in Toleranz zu üben. Deinen Reichtum und den anderer Menschen zu sehen und anzuerkennen. Fühle dich reich, sei offen für die Chancen, die sich ergeben. Höre auf die Zeichen, die von überall her auf dich einströmen.

Gehe heute folgenden Fragen nach:

Kannst du deinen Reichtum wahrnehmen?
Siehst du, was du leistest und was bereits alles gut läuft in deinem Leben?

Hilfreich sind folgende Affirmationen:

Ich nehme das Leben bewusst wahr mit allen Aspekten meines Seins.

Ich bin offen und bereit, den Reichtum des Lebens anzunehmen.

Pierre:
Dieses Bild der Wolken entstand in Thailand. Sie sind so majestätisch und schön – sie zogen so prachtvoll und bestrahlt von der Sonne in den Himmel hinauf. Ich konnte kaum den Blick von ihnen wenden, diese Erhabenheit faszinierte mich. Gleichzeitig bekam ich den Impuls, dass wir alle mit viel größerer Leichtigkeit und Freude wünschen sollten! Diese Leichtigkeit bedingt, dass unser Resonanzfeld sich frei ausdehnen kann – und das Maß an Freude ist der Motor, der dieses Feld antreibt. Geballte Energie können wir genauso in uns bündeln und in den Himmel hinaussenden wie diese Wolkenformation.

Leichtigkeit

Unsere Sehnsüchte sind vielschichtig und unsere Wünsche kommen von Herzen. Oft vergessen wir, dass wir uns alles auch mit Leichtigkeit wünschen können! Wir müssen nicht »hart« arbeiten, damit wir uns die Erfüllung der Wünsche »verdienen«... Wir dürfen auch einfach beschenkt werden wie die Kinder. Die segensreichen Gaben dürfen auf uns »herunterregnen« und wir dürfen sie mit Freude annehmen – einfach so.

Leichtigkeit hat sehr viel mit Entspannung zu tun, sich fallenlassen, einfach die anderen einmal »machen lassen«. Viele Lösungen für Probleme fallen uns erst in der Entspannung ein oder unser Unterbewusstsein arbeitet in der Nacht eine perfekte Lösung für uns aus. Wir brauchen nur unsere Überzeugungen zu ändern, den alten Mustern auf die Schliche zu kommen, die uns festhalten, uns das Leben schwer machen und uns daran hindern, unsere Freude zu leben. Sei spontan! Erinnere dich daran, als du zum ersten Mal verliebt warst! Alles ging dir leicht von der Hand und du schwebtest wie auf Wolken … finde wieder zurück zu diesem Gefühl … sei verliebt in das Leben!

Diese Karte ist also ein Hinweis …

das Leben mit Leichtigkeit zu betrachten. Gib das Problem »nach oben« ab – lehn dich zurück, entspanne dich und sei überzeugt davon, dass die Lösung spielerisch auf dich zukommt.

Gehe heute folgenden Fragen nach:

Wo hast du das Gefühl der »Schwere«? Wer oder was zieht dich herunter? Was für alte Glaubenssätze sind noch in dir, die dich daran hindern, deine kindliche Freude zu empfinden?

Hilfreich sind folgende Affirmationen:

Ich fühle mich leicht und beschwingt.

Alles geschieht zur richtigen Zeit am richtigen Ort.

Ich manifestiere meine Wünsche voller Leichtigkeit.

Ich sende meine Wünsche mit Leichtigkeit und Freude in den Kosmos.

Verantwortung

Durch meine Wunschkraft
halte ich das Ruder
meines Lebens
bewusst
in meiner Hand.

Unsere Gedanken werden zu Taten, unsere Taten werden zur Wirklichkeit und interagieren mit anderen Menschen. Es ist unsere Entscheidung, ob wir in liebevoller und friedlicher Absicht etwas tun oder ob wir uns nur bereichern wollen. Beides hat Konsequenzen. Unsere Schöpfung ist so aufgebaut, dass alles auf uns zurückkommt, was wir hinaussenden. Ob positiv oder negativ – wir haben die Auswirkungen zu tragen. Nun können wir uns entscheiden, ob wir die Verantwortung für uns selbst übernehmen oder ob wir die anderen für »schuldig« an unserer Situation erachten. Natürlich scheint es erst einmal bequemer zu sein, die Schuld anderen Menschen in die Schuhe zu schieben. Energetisch betrachtet laden wir uns durch dieses Verhalten viel Ballast auf, denn es ist nicht gerecht, was wir tun. Wir sollten in jeder Sekunde unserer Aktionen wissen, was wir tun, und auch die Folgen daraus tragen können. Wenn wir sehr bewusst und bedacht mit unseren Entscheidungen sind, dann können wir uns im Vorfeld überlegen, ob wir bereit sind, diese Konsequenzen zu tragen, und können uns anders entscheiden. Verantwortung zu übernehmen, hat etwas mit »Erwachsensein« zu tun, aus den kindlichen Verhaltensmustern herausgewachsen zu sein und zu wissen, was man tun und was man eher lassen sollte. Verantwortung zu tragen, macht Freude, weil man dann aus eigener Kraft etwas erschaffen hat – worauf man stolz sein kann.

Diese Karte ist also ein Hinweis …

was für eine innere Haltung nimmst du ein, wenn es darum geht, ein Problem zu lösen? Sprichst du aus dem Herzen oder aus dem Verstand?

Gehe heute
folgenden Fragen nach:

Wie sehr verdrängst du deine Gefühle? Kannst du Kritik annehmen? Kannst du es ertragen, »Fehler« zu machen?

Hilfreich sind
folgende Affirmationen:

**Ich bin verbunden
mit meinen Taten und
handele verantwortungsbewusst.**

**Jede Handlung dient
meiner Entwicklung.**

Pierre: Dieses kleine Schiff segelte in der Abendsonne von Mallorca durch ein goldfarbenes Meer. Der Wind brachte die Wasseroberfläche zum Kräuseln und das Segelschiff fuhr unbeirrt weiter auf seinem Weg. Egal wie weit das Meer ist, wie groß das Resonanzfeld ist – wir halten ganz bewusst das Steuer in der Hand und lassen uns von keinem Gegenwind behindern. Meine Augen konnten diesem goldenen Licht kaum standhalten ... Wenn ich dieses Bild betrachte, stehe ich wieder am Fenster und blicke über diese Weite hinaus in die Ferne – als Schöpfer meiner eigenen Wirklichkeit.

Julia:
Genauso wie diese Turmspitze des Tempels in Thailand in den Himmel ragt, stelle ich mir vor, wie all unsere Visionen und Ziele auch in die Weiten des Himmels ragen, um irgendwann, nach harter Arbeit, an die Spitze gelangen. Sie symbolisiert für mich die Absicht der Menschheit, das Streben, um irgendwann an die Spitze zu gelangen und in voller Schönheit dem Himmel die Arme entgegenzustrecken.

Entschlossenheit

Wie viel Zeit verwenden wir darauf, anderen Menschen zu gefallen! Wir hören auf deren Meinung über uns, lassen uns kritisieren und manipulieren. Wir laden sie sogar regelrecht ein, in unserem Leben herumzuwühlen. Wir strampeln, hecheln und bemühen uns um Anerkennung und Respekt und verlieren dabei sehr viel Energie. Dann fallen wir in ein tiefes Loch der Selbstzweifel, krabbeln wieder heraus und hecheln wieder nach Anerkennung. Wir steigen wieder in den Kreislauf von »Gefallen-Wollen« ein.
Wenn wir uns aber entschließen,

dieses selbst gewählte Spiel zu beenden, dann haben wir alle Energie wieder für uns selbst zur Verfügung. Wir denken mit unserem eigenen Kopf und lassen uns nicht mehr auf »Energieräuber« ein. Je entschlossener wir sind, unser eigenes Leben zu leben und dieses Stück für Stück auf eine höhere Ebene zu heben, desto zielgerichteter kann diese Entwicklung voranschreiten. Entschlossenheit beinhaltet auch den Mut, »Nein« zu sagen und den eigenen Weg auf eigene Weise zu gehen. Setze die Gedanken, die du denkst, für dich und deine Entfaltung ein. Strebe danach, dich klarer zu definieren und damit glücklich zu sein. Entschließe dich dazu, einfach glücklich zu sein, und warte nicht auf die »Erlaubnis« anderer Menschen. Du hast genug Entschlossenheit in dir, um deine Kräfte zu bündeln und deine Schöpferkraft für dich einzusetzen.

Diese Karte ist also ein Hinweis …

innezuhalten und darüber nachzudenken, wem du gefallen möchtest – den anderen oder dir selbst. Lass es nicht zu, dass du manipuliert wirst.

Gehe heute folgenden Fragen nach:

Wie viel Zeit verwendest du dafür, die Belange anderer Menschen zu erfüllen?
Wie viel Energie bleibt dir für deine seelische Entwicklung zur Verfügung?

Ich erschaffe durch meine jetzigen Gedanken meine Zukunft.

Hilfreich sind
folgende Affirmationen:

**Ich setze alle Energie für mich selbst
und meine Wünsche ein.**

**Meine Zukunft beginnt jetzt in diesem
Moment mit meinen liebevollen Gedanken.**

89

Pierre: Der Grashalm inmitten von anderen tausenden auf einem großen Feld in Ägypten symbolisiert für mich die Flexibilität, mit der wir den Herausforderungen des Lebens begegnen sollten. Wir sollten immer im Herzen die Gewissheit bewahren, dass wir das Beste tun, zu dem wir in diesem Moment imstande sind. Ich behandle mich – auch in der Rückerinnerung – liebevoll und achte meine Entscheidung, auch wenn sie vielleicht aus heutiger Sicht optimaler hätte sein können.

Anerkennung

Sich selbst so zu behandeln, wie man gerne von anderen Menschen behandelt werden möchte – das ist ein Lernprozess. Oft stufen wir unsere Fähigkeiten als zu unwichtig ein. Wir machen uns klein und fühlen uns auch so. Kein Wunder, wenn wir dadurch Menschen in unser Resonanzfeld ziehen, die uns und unsere Fähigkeiten mit Füssen treten oder ausnutzen. Ohne Anerkennung und liebevolle Beachtung unseres Tuns fühlen wir uns bedeutungslos und ungeliebt. Wie sollen wir unser wahres Potential entdecken und ausleben, wenn die Basis von Achtung und Anerkennung nicht vorhanden ist? Nur wenn die Basis stimmt, dann kann sich darauf etwas Größeres aufbauen. Wir können erst anfangen uns zu lieben, wenn wir sehen, was für wundervolle Wesen wir sind. Wie perfekt das Zusammenspiel zwischen Gedanken und Tat bei uns funktioniert und wie wesentlich diese Erfahrungen für unsere Seele sind! Sei liebevoll zu dir, denn du bist der beste Freund, den du je haben wirst. Nur du hast die Möglichkeit, dich vollkommen zu erfahren. Du kannst dich entscheiden, ob du dein Feind bist oder dein Freund.

Diese Karte ist also ein Hinweis …

dich selbst mit anderen Augen zu sehen. Tue so, als ob du verliebt in dich selbst wärest. Beschenke dich mit Achtung, Respekt und Aufmerksamkeit. Beobachte deine täglichen Gedanken … beschimpfst du dich für jede Kleinigkeit, die du nicht perfekt machst?

Gehe heute folgenden Fragen nach:

Wo trittst du dich selbst mit Füßen? Wie viel Anerkennung schenkst du dir? Bist du dir deiner Talente bewusst?
Wie redest du über dich zu anderen?
Wie beschreibst du dich und dein Leben,
wenn du mit Freunden zusammensitzt?

Hilfreich sind
folgende Affirmationen:

Ich erkenne meine Fähigkeiten als göttlich an.

Ich bin mit mir verbunden in liebevoller Selbstachtung.

Ich behandle mich
liebevoll.
In Gedanken,
Worten und Taten.

Michaela:

In Thailand gibt es einen sehr schönen Brauch: Überall stehen kleine oder große Altäre. So auch hier in einem Eingang zu einem wunderschönen Park. Die Buddha-Statuen haben es mir mit ihrer Ausstrahlung besonders angetan. Ich finde, sie verbreiten Ruhe und Gelassenheit im alltäglichen Lärm der Welt. Wenn ich dieses Bild betrachte, dann kann ich gar nicht anders, als innerlich zur Ruhe zu kommen und mich auf die wesentlichen Dinge des Lebens zu konzentrieren.

Konzentration

Um sich auf einen Punkt oder ein Ziel konzentrieren zu können, braucht es ein hohes Maß an Selbsterkenntnis. Das Gleichgewicht zwischen kreativem Chaos und gezielter Intention zu finden, ist eine Herausforderung. Dies gelingt uns nur, wenn wir in uns gehen, ausatmen und den inneren Ruhepunkt aktivieren. Aus dieser Ruhe heraus, können wir Situationen besser begreifen und einordnen. Wir lassen uns nicht mehr benutzen oder manipulieren. Wir können und dürfen »Nein« sagen.

Unsere Kraft wächst aus dem innersten Wollen. Da, wo die Sehnsucht liegt, da finden wir die Kraft, diese Sehnsucht auszuleben. Wenn wir uns nur auf diese Kraft konzentrieren, dann wachsen wir über uns selbst hinaus. Wir mobilisieren in diesem Moment Energien, von denen wir nicht wussten, dass wir sie zur Verfügung haben.

Konzentration ist die Kraft der kleinen Schritte. Diese kleinen Schritte sind der Anfang eines langen, wundervollen Weges, der dich direkt zu dir führt. Nur durch die klare Bündelung der Energien kannst du dein Ziel erreichen. Der »Brennpunkt« von Mut, Kraft und Wille, verbunden mit der Emotion der Freude, bringt die Manifestation auf den Punkt.

Diese Karte ist also ein Hinweis …

dich nur auf dich zu konzentrieren. Sei wachsam und beobachte deine Gefühle im Zusammenspiel mit den Gefühlen anderer. Sei ruhig und übe dich in Gelassenheit, wenn wieder eine Situation auf dich zukommt, die dich aufwühlen soll – folge ihr nicht. Bleib bei dir und deiner Kraft. Tue eine Sache nach der anderen, wenn du spürst, dass du dich verlässt und dich verzettelst.

Gehe heute folgenden Fragen nach:

Welche negativen Emotionen hast du noch in dir? Wo lässt du noch zu viel Fremdenergie zu? Wer kann dich in deinem Leben manipulieren? Wo verzettelst du dich? Womit überforderst du dich?

Hilfreich sind folgende Affirmationen:

Ich bin vollkommen bei mir.

Ich ruhe in meiner Mitte.

Ich konzentriere
mich
auf meine Kraft.

Michaela:
Ich liebe Rituale!
Jeden Abend werden am Strand in Thailand Wunsch-Lampions in den nächtlichen Himmel geschickt. Man kann sie erstaunlich lange mit den Augen verfolgen auf ihrem Höhenflug. Besonders schön finde ich, dass jeder Lampion von mehreren Menschen – älteren und Kleinkindern – solange gehalten wird, bis er sich, angetrieben durch die aufsteigende heiße Luft, in den Himmel erheben möchte. So kann die ganze Familie wünschen!

Rituale

Rituale sind ein wichtiger Bestandteil unseres Repertoires, um unsere Wunschkraft zu verstärken. Rituale holen uns immer wieder in unsere Wunschenergie zurück und verscheuchen Zweifel auf sehr effektive Weise. Wir nehmen uns den Raum, uns auf unseren Wunsch einzustimmen, und erweisen ihm die nötige Aufmerksamkeit, die man braucht, um Energie effektiv zu bündeln. Ein Ritual öffnet unsere Tür zur höheren Führung. Wir lassen uns auf Impulse ein, die von einer anderen Bewusstseinsebene stammen. Wir verlassen die uns bekannte Ebene und erweitern unser Blickfeld, um für die göttlichen Ideen Platz zu machen. Durch ein Ritual verbinden wir uns mit den Visionen, die wir für unser Leben haben.

Diese Karte ist also ein Hinweis …

heute dein eigenes kleines Ritual zu finden, das dich in deiner Wunschkraft bestärkt. Wenn Wünsche sich erfüllen, bringen sie immer auch Veränderungen mit in unser Leben. Bist du bereit dazu? In welchen Bereichen bist du noch nicht wirklich offen? Entwickle für dich ein kraftvolles Ritual, welches du immer wieder umsetzen kannst. Die Art und Weise spielt keine Rolle, auch die Tageszeit bleibt ganz dir überlassen – wichtig ist nur, dass du deine Energie mit diesem Ritual bündeln und in die Welt schicken kannst.

Gehe heute folgenden Fragen nach:

Was könntest du immer wieder in dein Leben integrieren?
Gibt es kleine Dinge, die dich immer wieder an deinen Wunsch erinnern könnten? Ein Foto? Eine Wunsch-Collage?
Ein Zettel in der Brieftasche?
Ein Bändchen am Handgelenk?

Hilfreich sind
folgende Affirmationen:

**Ich bin offen für die Impulse
meiner höheren Führung.**

Ich lebe meine Visionen aus.

Ich bin verbunden
mit meinen Wünschen
und Zielen.

Mut

Ich formuliere meine Wünsche und Ziele klar und deutlich. Die Liebe zu mir selbst gibt mir Kraft, diese neuen Schritte zu gehen.

»Dem Mutigen gehört die Welt.« Wir können aus eigener Kraft so viel mehr erschaffen, als wir uns zugestehen. Oft fehlt uns nur ein bisschen mehr an Energie: Der Mut.

Dabei ist es unwesentlich, ob es eine große Unternehmung ist oder ein kleine Entscheidung, die gemacht werden soll. Die Angst vor dem nächsten Schritt ist oft größer, als der Schritt selbst. Um diese innere Hürde zu nehmen, braucht es Mut. Der Weg des Lebens zeigt uns, dass es um Wachstum und Entwicklung geht.

Wenn wir nicht den Mut haben, etwas Neues auszuprobieren, dann häufen wir Frustration und Enttäuschung an. Es ist wichtig für uns zu verstehen, dass wir uns aus der Opferrolle lösen sollen. Wir sollen unsere Stärken finden, entwickeln und ausleben. Wir sind stärker, als wir denken, lassen uns aber oft abdrängen. Jetzt ist die Zeit, sich über diese Dinge zu erheben und zu seiner Kraft zu finden. Sie ist da und für dich immer zugänglich, du hast sie nur lange nicht wahrgenommen. Lebe deine Kraft und Stärke zum Wohle aller und bleibe in deinen Handlungen weise und verantwortungsvoll, dann bist du im Fluss des Lebens.

Diese Karte ist also ein Hinweis …

den Sprung zu wagen. Stärke deinen Willen. Es ist wichtig, das Ziel im Auge zu behalten und kraftvoll den Weg zu gehen. Finde heraus, was du brauchst, um mehr Mut zu haben. Erkenne, was dich Kraft kostet, und leite dessen Transformation ein.

Gehe heute
folgenden Fragen nach:

Was hindert dich daran, den nächsten Schritt zu gehen?
Wofür brauchst du ein bisschen Mut?
Welche Ängste kannst du transformieren?

Hilfreich sind
folgende Affirmationen:

**Ich liebe mich selbst genug,
um den neuen Schritt zu wagen.**

Ich bin mutig und stark.

Pierre:
Dieser Steg am Meer symbolisiert für mich unseren immerwährenden Weg in die Unendlichkeit. Wir alle haben anfangs die gleichen Sorgen und Ängste, neue Schritte zu wagen. Oftmals werden wir innerlich gebremst oder lassen uns in unserer Entwicklung bremsen. Ich mag dieses Schattenspiel auf dem Steg besonders gern, denn es versinnbildlicht die materielle Verstrickung der Seele auf dem Weg in die Freiheit. Oftmals ist die Angst vor dem nächsten Schritt größer, als der Schritt selbst...

Beharrlichkeit

Sich ein Ziel zu setzen, ist die Voraussetzung zur Erfüllung unserer Wünsche – aber die Beharrlichkeit dient der tatsächlichen Verwirklichung unserer Wünsche. Wenn die Entscheidung einmal in eine bestimmte Richtung gefallen ist, dann müssen wir dran bleiben – so lange bis die Tatsache vor uns steht. Alle Schritte, die gegangen werden, brauchen eine Standfestigkeit und einen Willen, das Ziel zu erreichen. Auf dem Weg dorthin sind wir vielerlei Verwirrungen und Prüfungen ausgesetzt. Gib diesen Ablenkungen keinen Raum und keine Macht über dich. Vom Weg können wir nur abkommen, wenn wir zulassen, dass die eigenen Zweifel überhand nehmen – oder die negativen Bewertungen anderer Personen uns gegenüber das Ziel verspotten oder verlachen. Kümmere dich nicht darum, was andere Menschen sagen – oftmals sind sie von Neid, Konkurrenzkampf und Eifersucht getrieben, sie missgönnen dir deinen Erfolg, weil sie selbst keinen haben. Sei klar, mutig, standfest und beharrlich in deinem Tun, dann wirst du deinen Weg gehen. Denn es ist dein Weg – niemandes sonst – deshalb musst du auch niemandem Rechenschaft ablegen. Sei unbeirrbar, gradlinig und schütze dich vor unwillkommenen Meinungskundgebungen.

Diese Karte ist also ein Hinweis …

an deinem Wunsch beharrlich dran zu bleiben, bis er sich erfüllt hat. Niemandem Raum und Macht abzugeben, der dich davon abbringen will. Jeder Mensch verfolgt andere Ziele – sie müssen nicht deine sein. Lass dich nicht für eine Sache einspannen, die für dich nicht stimmig ist.

Gehe heute folgenden Fragen nach:

Wer oder was kann dich irritieren? Wie sehr nimmst du die Meinung anderer Leute ernster als deine eigene?

Hilfreich sind folgende Affirmationen:

Ich bin bei mir und meinem Ziel.

Ich bin klar, standfest
und selbstbewusst genug,
um mein Ziel zu erreichen.

Pierre:

Vier Lampen, am Tag fast völlig un-
beachtet, auf einem kleinen Weg in
Ägypten. Auch ich hätte sie nicht be-
merkt, hätte ich nicht auf einer kleinen
Bank Rast gemacht. Anfangs sah ich
sie gar nicht. Aber als die Dämmerung
hereinbrach und es langsam dunkel
wurde, wurden die Lampen immer
heller. Am Tag eher unbemerkt ent-
falteten sie ihre ganze Schönheit und
Sinnhaftigkeit von Minute zu Minute
immer deutlicher. Die Strahlkraft der
Lampen ließ auch das Umfeld
erstrahlen und schenkte der
Dunkelheit eine ganz eigene
Schönheit.

Die Dunkelheit weicht dem
Licht. Ängste, Sorgen, Zweifel haben dort kein Zuhause
mehr. In seiner Nähe gibt es
keinen Raum dafür.

Ich konzentriere mich nur
auf das Gute in meinem
Leben.

Julia: Dieses Bild zeigt mein Lieblings-ritual beim Seminar meiner Eltern. Denn jedes Mal lassen wir Ballons, an denen Wunschzettel der Teilneh-mer angebunden sind, in den Himmel steigen. Wir stellen uns erstmal alle im Kreis hin, schließen die Augen, den-ken ganz fest an unseren Wunsch und kommen dann zusammen in die Mitte, um die Ballons gleichzeitig steigen zu lassen. Es ist lustig zu sehen, wie unter-schiedlich die Ballons in den Himmel steigen, manche schnell, manche lang-sam, manche steigen gleich sehr hoch in die Luft, manche verbinden sich mit anderen Ballons. Es sieht so aus, als ob sie die Eigenschaften der Menschen übernommen hätten. Alle freuen sich und blicken ihren Ballons noch lange nach.

Wunschkraft

Jeder Wunsch zielt auf Wandel ab: »Dort, wo ich mich jetzt befinde, ge-fällt es mir nicht mehr. Ich möchte gerne einige Dinge anders haben.« Dies ist die grundlegende Aussage eines jeden Wunsches. Dies bedeu-tet aber auch, dass wir gleichzeitig bewusst sein sollten, dass – wenn wir zu wünschen beginnen – so einiges in unserem Leben nicht so bleiben wird, wie es jetzt ist. Jetzt gilt es, alle Kräfte und Energien zu sammeln und zu bündeln, um diesem Wunsch alle positiven Gefühle zu geben und ihn auf die Reise zu schicken. Glaube ganz fest daran, dass alle deine Wünsche sich verwirklichen! Sei mutig und auch geduldig – lass keine Zweifel zu – sei stark! Die Veränderungen, die so ein erfüllter Wunsch mit sich bringt, dienen deinem Wachstum und deiner seelischen Entwicklung. Erlebst du diesen neuen Raum, der dir zur Verfügung steht, erlöst von allen Verstrickungen oder gebremst von Blockaden?

Diese Karte ist also ein Hinweis …

sich für all die gewünschten Veränderungen zu öffnen, sie bereitwillig in deinem Leben zu begrüßen. Lass alle Belastungen los, die dich auf dem Weg zur Leichtigkeit und Freude bremsen. Komm deinen alten, überholten Mustern auf die Schliche und mach ein »Loslass-Ritual« – schreibe deine Muster, negativen Überzeugungen und alles, was du sonst noch loslassen willst, auf ein anderes Blatt Papier und verbrenne es an einem sicheren Platz. Schreibe deine Wünsche auf ein anderes Blatt und lass sie an einem Luftballon in die Lüfte steigen.

Gehe heute folgenden Fragen nach:

Für welche Veränderungen bist du wirklich bereit? Hast du genug Kräfte, Gefühle und Visionen gebündelt?

Hilfreich sind folgende Affirmationen:

Ich erschaffe mit Leichtigkeit die Wunder in meinem Leben.

Ich schicke meine Wünsche kraftvoll in die Welt hinaus.

Ich bin offen für die Veränderungen, die die Erfüllung meiner Wünsche mit sich bringen.

Pierre:
Diese Lichtreflexe in einem Hafen von Ägypten faszinierten mich sofort. Michaela wunderte sich, warum ich so lange auf einen bestimmten Fleck im Meer starrte – noch dazu zwischen zwei Schiffen. Ich fotografierte unentwegt und da wurde sie neugierig und kam wieder näher. Als auch sie dieses Lichtspiel sah, verstand sie, warum ich so viele Fotos davon machte. Dieses Licht wirkte auf mich wie ein Magnet. Wenn wir in uns selbst auch so ein Licht entzünden könnten, dann würden wir auf alle Dinge in unserem Leben auch so eine magnetische Anziehungskraft haben.

Glaube

Der Glaube ist die stärkste Kraft, die wir zur Verfügung haben. Ist unser Glaube an etwas unerschütterlich, dann haben wir eine immense Kraft, den von uns gewünschten Weg zu gehen. Dieser Glaube ist auch für alle anderen Menschen spürbar. Sie werden regelrecht davon »angezogen« wie von einem Magneten. Jeden Tag »glauben« wir daran, dass wir aufstehen, unseren Tag begehen und zu Bett gehen. In diesen vielen Stunden könnten wir nichts verrichten, wenn wir nicht an uns und unsere Fähigkeiten zu überleben, glauben würden. Was würde passieren, wenn wir uns nicht mehr mit dem »Mittelfeld« zufrieden geben würden? Wie würde es sein, wenn wir plötzlich Fähigkeiten in uns entdeckten, die uns soviel mehr an Erfahrungen, Wachstum und Erkenntnissen schenken? Welchen Weg würden wir wählen? Den Weg der Verdrängung? Oder den Weg, die Fähigkeiten auszuleben? Würdest du es zulassen, dass ein anderer dich bremst und unterdrückt?

Jeder negative Gedanke über uns selbst ist nichts anderes als ein unbewusster Wunsch. Und wie wir wissen, realisieren sich Wünsche. Zielsicher und genau. Möchtest du wirklich, dass sich all deine negativen Überzeugungen über dich bestätigen und vermehren?

Diese Karte ist also ein Hinweis …

ganz fest an dich zu glauben. Du bist fähig, alles zu erschaffen, was du dir wünschst, wenn du alle Zweifler und Zweifel wegschickst und konsequent dabei bleibst.

Gehe heute folgenden Fragen nach:

Wie stark ist dein Glaube an dich selbst?
Wie viel Kraft gestehst du dir zu?
Wie viel Zweifel steckt noch in dir?

Hilfreich sind folgende Affirmationen:

Ich glaube an mich und meine Fähigkeiten.

Ich lasse meine Zweifel los und bin mit meiner Kraft verbunden.

Ich bin ein kraftvoller Magnet, der alles, was ich mir wünsche, in mein Leben zieht.

Julia:
Wir gingen an einem kleinen Bach in einem Park in Thailand spazieren. Da entdeckte ich plötzlich vor meinen Füßen, ein kleines, vierblättriges Kleeblatt. Als ich es fotografieren wollte, bemerkte ich, dass es ganz viele waren! Der ganze Weg am Bach entlang war voll davon! Ich freute mich sehr und kniete mich sofort auf den Boden, um die schöne Form zu verewigen. Denn die Form dieser Blätter ist ganz etwas Besonderes, es ist die Form der asiatischen Glückskleeblätter.

Glück

Die eigene Glücksfähigkeit zu steigern, kann man lernen. Man kann aus eigener Kraft entscheiden, glücklich zu sein. Wenn wir uns selbst in den Mittelpunkt des Glücks stellen, dann verstehen wir, wie stark unsere zielgerichtete Wunschkraft sein kann. Erst wenn wir uns bewusst sind, mit welchen wundervollen Fähigkeiten wir beschenkt wurden, können wir daran denken, uns dem Fluss des Lebens anzuschließen und diese Erkenntnis auch weiterzugeben.

Wir sollten lernen, uns unserer Kraft bewusst zu werden – erst dann können wir authentisch vermitteln, dass das Glück des Lebens von den positiven Gedanken abhängt, die man hat. Gedanken sind der Impuls für Handlungen, Handlungen sind Taten, die eine Reaktion hervorrufen. Wir selbst sind der Samen, den wir aussäen. Wir können niemanden glücklich machen, wenn wir selbst nicht glücklich sind – oder verstehen, was wir zum Glücklichsein brauchen. Glücklich zu sein, kann man lernen und üben – üben bedeutet, etwas so lange zu tun, bis man es kann!

Diese Karte ist also ein Hinweis …

herauszufinden was »Glück« ganz persönlich für dich bedeutet. Nicht nur die allgemein bekannten Dinge – sondern deine ganz privaten Assoziationen zu diesem Begriff. Schreibe alle diese Dinge auf und denke darüber nach, inwieweit du dein Leben nach diesen Erkenntnissen ausrichten kannst.

Gehe heute folgenden Fragen nach:

Ist Glück für dich ein Zufall? Kannst du dein Glück selbst bestimmen? Ist es von anderen Menschen abhängig? Wie glücklich hast du schon andere Menschen ge- macht?

Hilfreich sind folgende Affirmationen:

Ich bin glücklich.

Ich nutze meine Fähigkeiten für mich und zum Wohle aller.

Ich bin mir meiner starken Wunschkraft bewusst und nutze sie auch zum Wohle aller.

Julia: Diese prächtige Lotusblüte war riesengroß – größer als meine beiden Hände zusammen – und öffnete sich erst kurz vor unserer Abreise aus Thailand. Ich hatte diese Pflanze schon länger beobachtet – jeden Tag, wenn ich an ihr vorbei ging, dachte ich mir, wann sie denn ihre Blüte entfalten würde. Umso größer war meine Freude, als sie sich tatsächlich zeigte! Sie hatte sich zuerst hinter einem großen Blatt versteckt, aber als ich das Blatt beiseite schob, sah ich ihre wahre Schönheit.

Dankbarkeit

Das Danken beinhaltet viele positive Aspekte für unser erfolgreiches Wünschen. Einer davon ist, dass es unsere Überzeugung an die Erfüllung unseres Wunsches verstärkt.

Der Dank beseitigt alle Zweifel und Sorgen. Wenn man sich bedankt, glaubt man ganz fest an die Ausführung. Man ist sich sicher. Wie im Alltag bedankt man sich auch nur für die Dinge, die bereits bestätigt sind. »Danke, dass du das für mich machst.« Mit dem Bedanken bestätigen wir unseren Auftrag. Der Wunsch ist besiegelt. Es ist wie die Unterschrift unter ein Dokument. Jetzt gibt es keinen Raum mehr für Zweifel.

Dankbar zu sein, öffnet das Herz und macht uns empfänglich für die Wunder des Lebens. Wenn wir uns bewusst darüber sind, wie wundervoll das Leben bereits ist, dann gehen wir die nächsten Schritte mit mehr Leichtigkeit an. Unsere Achtung und der Respekt der Schöpfung gegenüber wächst und wir erkennen, dass wir uns mitten in der Fülle befinden.

Diese Karte ist also ein Hinweis ...

deine Wünsche voller Dankbarkeit an die eigene Wunschkraft abzugeben und einmal all das anzusehen, was bereits gut im Leben läuft. Wenn wir uns bedanken, begeben wir uns in das Reich der Fülle. Da Gleiches immer Gleiches anzieht, holen wir auf diese Weise weitere Fülle in unser Leben.

Gehe heute folgenden Fragen nach:

Wofür bist du bereits dankbar in deinem Leben? Hast du deine Dankbarkeit auch kommuniziert?

Wem möchtest du danken? Tue es jetzt.

Ich bin voller Dankbarkeit. So vermehre ich all die guten Dinge, die bereits in meinem Leben sind.

Hilfreich sind folgende Affirmationen:

Ich danke der Schöpfung für das Geschenk des Lebens.

Ich stehe in Ehrfurcht vor dem Wunder des Lebens.

Pierre:
Ich liebe es, frühmorgens aufzustehen und den Sonnenaufgang zu betrachten! Dieses Mal schob sich eine dicke Wolke vor die Sonne und blieb eine halbe Ewigkeit so stehen. Ich dachte darüber nach, ob es denn jetzt »halb Sonne« sei oder »halb Wolken« – wieder einmal wurde ich daran erinnert, dass es alles eine Frage der Betrachtungsweise ist. Ich hatte mich entschieden, dieses Naturschauspiel nicht zu bewerten, sondern es als das zu nehmen, was es ist: etwas Wunderschönes.

Selbstvertrauen

Sich selbst zu vertrauen, bildet die Basis, auf die sich alle zukünftigen Entwicklungsschritte aufbauen. Wer genug Selbstvertrauen besitzt, kann sich vor negativen Einflüssen schützen, lässt unangebrachte Bemerkungen über die eigene Person nicht zu, ist nicht so schnell emotional erschüttert, wenn unvorhergesehene Dinge passieren und kann Angriffe von außen gut abwehren. Wer um seine innere Qualität weiß und sich selbst gut kennt, den kann kaum etwas erschüttern. Sich selbst zu vertrauen bedeutet, die innere Kraft zu kennen und die anderen Menschen mit ihren Bedürfnissen zu verstehen und einordnen zu können. Eine Person, die innerlich voller Stärke ist, besitzt fast eine magische Kraft, mit der alle Herausforderungen des Lebens gemeistert werden können. Wir können dann allen Stürmen standhalten und treten mit noch größerer Weisheit daraus hervor. Bleib bei deiner Meinung – höre die Meinung anderer aufmerksam an und voller Respekt. Entscheide dich in Ruhe und Bedachtsamkeit, ob es für dich und dein Leben stimmig ist. Nur wenn du eins bist mit deinem Gefühl, dann entscheidest du das Beste für dich. Und das muss nicht das Beste in den Augen anderer Menschen sein. Du bist wichtig. Es ist dein Leben!

Diese Karte ist also ein Hinweis …

dein Selbstvertrauen durch Affirmationen zu stärken. Deine Schwachstellen herauszufinden und diese liebevoll zu akzeptieren. Sei authentisch – kommuniziere voller Selbstvertrauen, was deine Stärken sind, und zeige deine Schwächen.

Gehe heute folgenden Fragen nach:

Wer oder was schwächt dich? Kannst du dich schützen vor negativen Aussagen deiner Mitmenschen? Wem glaubst du mehr, dir oder den anderen?

Hilfreich sind folgende Affirmationen:

Ich bin voller Kraft.

Mein Selbstvertrauen wächst von Tag zu Tag.

Ich erlaube mir, »Nein« zu sagen.

Selbstliebe und Selbstvertrauen sind die wichtigsten Eigenschaften zur Erfüllung meiner Wünsche.

Zuversicht

Ich lebe mein gesamtes Potential aus. Ich bin mir der Aufgabe meines Lebens bewusst.

Um die Wunschkraft zu stärken und weiterhin in der Überzeugung zu bleiben, dass alles kommt wie gewünscht, ist es wichtig, zuversichtlich zu sein. Die Begeisterung, den Glauben an die Sache und den Optimismus muss man sich unter allen Umständen bewahren, will man erfolgreich zum Ziel gelangen. Glaube an dich und deine Fähigkeiten! Blicke voller Vertrauen in die Zukunft, denn sie gehört dir. Höre auf, andere Menschen zu befragen, ob du dieses oder jenes »richtig« machst … du bekommst nur Meinungen, die aus dem Verstand heraus antworten, zu hören. Was in deinem Herzen vorgeht, kannst nur du wissen. Freue dich darüber, dass du Visionen hast, dass du Sehnsüchte hast und Wünsche! Das hält dich lebendig. Das Leben ist ein einziger Tanz von Energien. Begib dich vertrauensvoll in diesen Tanz – du wirst genau zu der Energie hingetragen, die du für deine seelische Weiterentwicklung brauchst. Lass deine Begeisterung für das Geschenk des Lebens deine Umgebung, deinen Alltag und dein Umfeld erhellen. Sei glücklich und zufrieden!

Diese Karte ist also ein Hinweis …

zuversichtlich zu sein, dass sich dein Wunsch erfüllt. Bewahre dir deinen Glauben daran. Bewahre deine Wünsche in deinem »Schatzkästchen« auf – das kann dein inneres Schatzkästchen sein oder eine besonders hübsch geschmückte kleine Truhe, die du voller Liebe betrachtest und in die du deine Wünsche legst.

Gehe heute folgenden Fragen nach:

Was macht dich mutlos? Schreib dir die Dinge auf, die dich irritieren, emotional aufwühlen und in deiner Kraft stören können. Transformiere diese oder entferne sie aus deinem Leben.

Hilfreich sind folgende Affirmationen:

Voller Optimismus blicke ich in die Zukunft.

Meine Lebensfreude wirkt wie ein Magnet auf andere – ich gebe und bekomme Freude.

Julia:

Dieses Foto habe ich während unserem Spaziergang durch die Reisfelder in Thailand gemacht. Wir hatten sogar die Möglichkeit selber Reis anzupflanzen. Es hat uns alle sehr beeindruckt, was für eine mühevolle Arbeit es ist, Reis anzupflanzen, und was für eine Geduld es erfordert, diese Körner zu ernten. Jedes einzelne Reiskorn wird mit der Hand in kleinen Büscheln in das schlammige Wasser versenkt und dreimal umgepflanzt bis man es ernten kann. Wenn wir zuhause Reis essen, müssen wir immer an dieses Erlebnis zurückdenken und sind umso dankbarer, dass wir diesen Reis haben.

Pierre:
Dies ist der zweite – aber nicht minder faszinierende Teil der Lichtreflexe im Meer. Wie sagt ein chinesisches Sprichwort: »Man steigt nie zweimal in denselben Fluss«. Wasser ist der Informationenträger Nummer 1. Der ewige Tanz der Wassermoleküle im Austausch von Informationen, der ewige Kreislauf der Menschheit, die Schöpfung an sich – wenn ich Wasser beobachte, komme ich in Kontakt mit meiner Tiefe. Es fällt mir schwer, mich aus diesem Zustand des »All-ein-Seins« wieder zu lösen.

Positive Gefühle

Alles ist Energie. Auch wir Menschen bestehen ausschließlich aus Energie. Ebenso sind Gedanken, Gefühle, Emotionen, Ereignisse und Situationen nur verschiedene Erscheinungsformen von Energie.
Das, was wir Schicksal nennen, entsteht zunächst in unserem Inneren. In unseren emotional aufgeladenen Bildern und Verhaltensmustern.
Ohne es zu wissen, richten wir unser Leben nach ihnen aus und suchen immer wieder Ereignisse, die uns

diese inneren Bilder auch im Außen bestätigen. Beschäftigen wir uns mit negativen Dingen und verharren dort für eine geraume Weile oder kehren immer wieder zu diesen Emotionen zurück, nimmt unser Bewusstsein auch im Außen diese Schwingung auf und erlebt sie als Blockaden oder negative Ereignisse. Denken wir im Gegensatz dazu positiv und empfinden diese Emotion tief in uns, erleben wir sie auch im Außen. Unser Bewusstsein nimmt diese positive Schwingung auf und kreiert sie im Außen als Glück und Wohlstand, als Hilfsbereitschaft und Freundlichkeit.

Diese Karte ist also ein Hinweis …

deine Gefühle ganz genau zu beobachten und herauszufinden, wo sie herkommen. Spür ganz genau in dich hinein und schreibe die lange Kette an Erlebnissen auf, die dich zu diesem Gefühl gebracht haben. Transformiere sie und benenne diese Gefühle. Sind es deine Gefühle? Sind sie positiv oder negativ? Hast du Gefühle einfach übernommen, weil jemand besonders heftig in deinem Umfeld zu dir war?

Gehe heute folgenden Fragen nach:

Wie kannst du es schaffen, vorwiegend positive Gefühle zu haben? Was in deinem Alltag stört dich dabei? Wie kannst du deine Gefühle besser bündeln, um diese kraftvoll für dich selbst und deine Wünsche einzusetzen?

Hilfreich sind folgende Affirmationen:

Ich bin in meiner Mitte und erfreue mich meines Lebens.

Meine positive Energie strahlt in alle Ebenen meines Seins.

Ich bin Licht und Liebe.

Kraftvolle Gefühle sind die stärksten Transportmittel für meinen Wunsch.

Pierre:
Eisige Kälte, alles grau in grau, der Gletschergürtel, der sich unaufhaltsam ins Meer schiebt und eine Horizontlinie, welche sich in der Unendlichkeit verliert ... diese Momente auf Reisen sind für mich genauso kostbar, wie die mit der bunten Vielfalt eines Wochenmarktes. Richtung Nordpol löst sich die Zeit in ihre Bestandteile auf und was bleibt, ist die Botschaft, dass alles zum Leben dazugehört – das ewige Eis genauso wie die brütende Hitze. Auch in uns sind die Abbilder dieser Welten zu finden – die Frage ist nur, welche Wirklichkeit leben wir aus?

Zielgerichtetheit

Das, wo wir unsere Aufmerksamkeit hinlenken, vermehrt sich in unserem Leben. Energie fließt vermehrt dahin, wo wir die meiste Zeit mit unseren Gedanken und Gefühlen verweilen. Lenken wir den Großteil unserer Gedanken auf etwas Unangenehmes oder Negatives, dann vermehrt sich dieses Energiefeld und irgendwann haben wir das Gefühl, dass wir kaum noch atmen können, weil uns vermeintlich »alles um uns herum« die »Kehle zuschnürt«. Wir denken dann, es würde von außen auf uns zukommen und fühlen uns wie ein Opfer der Umstände. Dabei sind es wir selbst, die sich entschieden haben, in diese Richtung zu denken. Von uns aus geht der Impuls in die Welt hinaus – sie antwortet uns nur. Deswegen ist es so wichtig, sich in hohem Maß bewusst zu sein, was für Impulse wir in die Welt hinaustragen. Oftmals ist ein Gedanke sehr schnell entstanden und wir sind uns nicht klar darüber, was er bewirken kann. Sei bedacht in der Wortwahl und sei dir sehr bewusst, mit welchen Menschen du dich umgibst und was du mit ihnen die ganze Zeit besprichst. Alle Gespräche manifestieren Meinungen, diese Meinungen werden zu Überzeugungen, welche dann wieder transformiert werden müssen – wenn sie dich bremsen. Lenke also deine Worte, Taten und Gedanken zielgerichtet nur auf Menschen, Umgebungen oder Ereignisse, die du in deinem Leben wirklich haben willst.

Diese Karte ist also ein Hinweis …
deine Impulse als »Samen, die du säst« zu betrachten. Was soll daraus entstehen?

Gehe heute folgenden Fragen nach:
Was hindert dich daran, deine Aufmerksamkeit nur auf Dinge zu lenken, die dich stärken? Was für Informationen über dich schickst du in die Welt hinaus?

Ich lenke
meine Aufmerksamkeit
ganz bewusst
nur auf Dinge,
die mein Leben bereichern.

Hilfreich ist folgende Affirmation:

**Ich bin verbunden mit den Dingen,
die mein Leben bereichern.**

Michaela:
Diese verschneite Bergspitze gehört Jan Mayen. Den Berg dieses Namens bekommt man auf der Fahrt zum Nordkap fast nie zu sehen, weil er immer im tiefen Nebel versinkt. Der Kapitän machte uns darauf aufmerksam, dass wir nun in seine Nähe kommen würden, und mit etwas Glück könnten wir die Spitze sehen. Ich rannte mit meinem Fotoapparat an Deck und wünschte mir eindringlich, dass er sich zeigen möge: Voila!

Annehmen

Die Geschenke des Lebens sind auch für dich da! Viele gute Menschen können sehr gut »geben« – sie geben sich selbst, ihre Zeit, ihre Aufmerksamkeit und helfen, wo sie können. Für diese Menschen ist es eine große Herausforderung zu »nehmen«. Wenn aber diese Energie blockiert ist, dann können die wunderbaren Möglichkeiten des Lebens nicht vollständig in dein Leben treten. Du wirst sie auch nicht erkennen – sondern vorbeiziehen lassen. Dieses Thema ist eng mit einem anderen Thema verbunden: Dem Selbstwertgefühl. Wenn wir eher Minderwertigkeitsgefühle haben, dann fällt es uns schwer, etwas anzunehmen. Wir vertrauen nicht darauf, dass es ohne Hintergedanken geschieht, weil wir misstrauisch darauf lauern, es könnte ja ein Haken bei der Sache sein. Wir glauben nicht, dass wir so liebenswert sind, dass wir »einfach so« – weil es uns gibt – Geschenke bekommen dürfen. Wir versagen uns selbst die schönsten Dinge, weil wir glauben, dass sie nicht für uns bestimmt sind. Wenn du annehmen kannst, dann schätzt du den Wert des Lebens hoch ein. Wenn du es nicht kannst, dann entwertest du automatisch das Geschenk.

Diese Karte ist also ein Hinweis …

dir zu erlauben, Geschenke anzunehmen. Damit sind nicht nur materielle Dinge gemeint, sondern hauptsächlich Chancen, Hinweise, neue Möglichkeiten und Begegnungen. Achte darauf, dass du genauso viel annimmst, wie du gibst, sonst bringst du dein Gegenüber in eine energetische Schieflage.

Gehe heute folgenden Fragen nach:

Wie hoch schätzt du deinen Wert ein?
Wie viel gibst du und wie viel bekommst du?
Fühlst du dich oft ausgelaugt und müde?

Hilfreich sind
folgende Affirmationen:

Ich bin es wert, geliebt zu werden.

**Ich erlaube mir,
die Wunder des Lebens
anzunehmen.**

Wunder geschehen
jeden Tag.
Ich lasse sie auch
in meinem Leben zu.

Pierre:
Dieses Bild entstand in einem dieser Hochhaus-Hotels in Bangkok. Um den Innenhof zu verschönern, wurde eine Gartenlandschaft mit wundervollen Pflanzen und kleinen Wasserfällen gestaltet. Ich betrachtete diesen Mikrokosmos und dachte so bei mir, dass das Schöne überall zu finden ist – auch in einem eher unpersönlichen Betongebäude. Wenn ich meinen Blick nur auf das Positive richte, dann sehe ich überall die Schönheit in den Dingen.

Großzügigkeit

»Geben ist seliger denn nehmen.« Wenn wir in uns das Gefühl der Großzügigkeit entwickeln wollen, dann brauchen wir nur anzufangen, kleinere Dinge zu verschenken - das können kleine Geldbeträge sein, die wir Bettlern auf der Strasse geben oder süße Kleinigkeiten als nette Aufmerksamkeit. Diese kleine Übung bildet den Anfang dafür, sich wieder an den Fluss des Lebens anzuschliessen. Wir entwickeln positive Gefühle, wenn wir uns vorstellen, wie der Beschenkte sich freuen wird und spüren, wie schön es ist,

Freude zu bereiten. Um unsere Wunschkraft zu optimieren, sollten wir das Gleichgewicht zwischen Geben und Nehmen wieder herstellen. Ein Mensch, der nur gibt, ist genauso in seinem Energiefluss gebremst, wie jemand, der nur nimmt. Großzügig zu sein und zu geben, hat etwas mit Vertrauen zu tun. »Ich bekomme genug, ich lebe in Fülle, ich habe alles, was ich brauche.« Das, was wir zuviel haben, können wir teilen, wir können es auch abgeben – es gibt Menschen, die es nötiger brauchen als ich. Es ist genug für alle da – Großzügigkeit öffnet die Türen für ein größeres Energiefeld.

Diese Karte ist also ein Hinweis …

sich bewusst damit auseinanderzusetzen, wie du das Gleichgewicht in deinem Leben zwischen »Nehmen und Geben« wieder herstellst. Mach kleine »Schenkübungen«, indem du überlegst, was dem anderen Menschen Freude bereiten könnte.

Gehe heute folgenden Fragen nach:

Welche unbewussten Ängste hindern dich daran, dich mit deiner Großzügigkeit zu verbinden?

Hilfreich sind
folgende Affirmationen:

Ich beschenke mich und andere mit meiner Großzügigkeit.

Ich bin verbunden mit dem Fluss des Lebens.

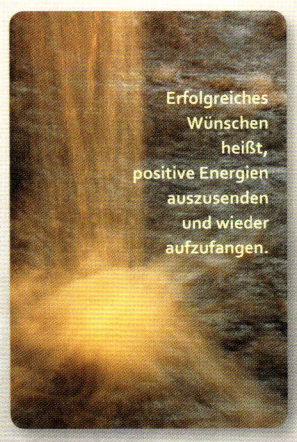

Erfolgreiches Wünschen heißt, positive Energien auszusenden und wieder aufzufangen.

Julia:
Dieses Fenster eines alten Bauernhauses in Norwegen fand ich besonders schön, weil es so zugewachsen und versteckt war. Ich stelle mir vor, dass da drinnen vor längerer Zeit eine glückliche Familie über mehrere Generationen hinweg gelebt hat. Das Haus hat viel mit angesehen und viel erlebt und ist jetzt endlich ein Teil der Natur geworden.

Vergeben

Halte nicht an Vergangenem fest. Willst du dein Leben selbst in die Hand nehmen, ihm eine neue Richtung geben oder die bestehende verstärken, gilt es sich von allen negativen Gedanken an die Vergangenheit, von all den vertanen Chancen, von all den alten Verletzungen und von all dem Groll, den du vielleicht noch innehältst, zu lösen.
Du kannst Momente aus der Vergangenheit betrauern, vielleicht auch

beweinen, aber irgendwann solltest du dich entscheiden, sie für immer gehen zu lassen. Möchtest du wieder Lebendigkeit in dein Leben bringen, Freude und Zuversicht, solltest du dich mit allem Alten aus deiner Vergangenheit versöhnen. Lass sie in Frieden ziehen. Nur dann kannst du befreit und voller Zuversicht neue Dinge in Angriff nehmen. Lass jeden Tag neu entstehen. Unbeschwert und ohne Last. Vergebung ist eine starke Energie, die innere Mauern zum Einstürzen bringen kann. Wir können nicht mit unbeschwerter Leichtigkeit nach vorne blicken, wenn der Ballast längst vergangener Zeiten unser Herz beschwert. Vergib auch dir, dass du dich in einer solchen Situation befunden hast – du wusstest es damals nicht besser. Aber jetzt ist eine neue Zeit angebrochen, jetzt kannst du dich neu orientieren und das Alte hinter dir lassen.

Diese Karte ist also ein Hinweis …

das Vergangene voller Liebe loszulassen. Halte nicht emotional an Dingen fest, die du nicht ändern kannst.

Gehe heute folgenden Fragen nach:

Wem möchtest du vergeben? Gibt es noch Groll, Ärger, Hass oder Neid gegenüber einer bestimmten Person? Stell dir diese Person vor deinem geistigen Auge vor und vergib ihr. Schreib ihr einen Brief – den du nicht abschickst, wenn du nicht magst – lass es einfach aus deinem System hinaustreten.

Das Festhalten an der Vergangenheit bremst meine Entwicklung. Ich bin bereit für einen Neuanfang.

Hilfreich sind folgende Affirmationen:

Ich vergebe mir und anderen.

Ich bin frei und lebe mein neues Leben voller Freude und Zuversicht.

Julia:
Das Blatt auf dem Bild ist ein großes Bananenblatt. Die Sonne stand wieder gut und schien von hinten durch das Blatt, so dass man die einzelnen Fasern sehen konnte. Thailand ist voll von faszinierenden, exotischen Pflanzen. Das Blatt war so groß, dass ich mich damit hätte zudecken können. Viele Thais nehmen so ein Blatt auch als schnellen Ersatz für einen Sonnenschirm.

Heilung

Wollen wir rasch wieder gesund werden, gilt es nicht nur, uns Gesundheit zu wünschen, sondern unseren gesamten Körper durch Gedankenkraft zu stärken. Dies ist der eigentliche Katalysator für unseren Wunsch nach Gesundheit.

Unterstütze dich daher selbst mit positiven Gedanken. Dann werden alle selbstzerstörerischen Befehle, die bisher an deinen Körper gerichtet wurden, aufhören. Alle falschen Denkmuster der Vergangenheit können sich auflösen und werden durch eine neue, wunderbare Kraft ersetzt. Auf diese Weise kannst du deine Selbstheilungskräfte aktivieren. Gesund zu bleiben, wird dir immer leichter fallen, da du deinen Körper ständig mit neuer, frischer, gesundheitsfördernder Energie speist. Achte deine körperlichen Bedürfnisse und gönne dir Auszeiten, um zur Ruhe zu kommen. Denke bei jeder Entscheidung auch daran, ob du körperlich in der Lage bist, diese Schritte in Harmonie mit Körper, Geist und Seele zu gehen. Gib deinem Körper das, was er an Nahrung, Bewegung und Aufmerksamkeit braucht.

Diese Karte ist also ein Hinweis …

dir ganz bewusst vorzustellen, wie es ist, wenn du bereits gesund bist. Sieh dich vor deinem inneren Auge herumspringen, Fahrrad fahren, Ball spielen, Ski fahren, tanzen, joggen, schwimmen. Was immer dir Freude bereitet, male dir in den buntesten Farben aus. Dies stärkt und beschleunigt die Selbstheilungskräfte enorm, weil du dich in Resonanz mit dem gesunden Ereignis bringst.

Gehe heute folgenden Fragen nach:

Was belastet dich privat oder beruflich so sehr, dass deine Seele über die Körpersprache nach Hilfe schreit? Liebst du deinen Körper oder soll er einfach nur »funktionieren«? Wie gehst du mit ihm um? Erlaubst du dir Ruhephasen?

Ich liebe jede Zelle meines Körpers und erschaffe mir so vollkommene Gesundheit.

Hilfreich sind
folgende Affirmationen:

Ich bin vollkommen gesund.

Jede einzelne Zelle meines Körpers ist in Resonanz mit vollkommener Gesundheit.

Julia:
Wenn ihr das Bild genau betrachtet, dann seht ihr mich im roten Luftballon gespiegelt. Ich stand in der Tür und fotografierte das Meer an Luftballons, bevor sie zu unseren Wunschballons wurden und wir sie in den Himmel fliegen ließen. Es ist immer lustig zu sehen, wie alle Ballons auf einem Haufen aussehen und nur darauf warten bis sie endlich fliegen dürfen.

Lebensfreude

Freude am Sein, Spaß am Leben, Enthusiasmus und spielerische Leichtigkeit – das sind die stärksten Kraftfelder, die wir energetisch manifestieren können. Aus diesen Kraftfeldern heraus können wir ein starkes Resonanzfeld aufbauen, das uns befähigt, alles in unserem Leben zu erschaffen, was wir uns vorstellen können.

Die Lebensfreude lassen wir uns aber oft durch negative Erlebnisse nehmen, wir lassen uns schwächen und brauchen dann viel Zeit, um uns innerlich wieder aufzubauen. Die Energie, die uns beflügelt und inspiriert, ist die Freude! Gehe den Impulsen nach, die dich innerlich mit Freude erfüllen. Lass nicht locker! Erinnere dich an Ereignisse, die dir Freude bereitet haben, und erkenne daran, was du für dich brauchst, um dich wohl zu fühlen. Sei spontan und flexibel. Baue dir ein Resonanzfeld auf, welches voller Licht und Liebe strahlt – dann wird dein Erleben auch voller Licht und Liebe sein. Tue das, was dir Freude macht – oder mach die Dinge, die du tun musst, mit Freude! Es lässt sich immer ein Grund finden, wie du es dir schöner gestalten kann.

Diese Karte ist also ein Hinweis …

dich vor »Energieräubern« zu schützen. Behalte deine Freude und deinen Enthusiasmus! Umgib dich mit Menschen, die die gleichen Vorlieben haben wie du. Arbeitet miteinander und unterstützt euch gegenseitig. Bleib bei dir, versuche nicht die Personen zu verändern, die dir Kraft rauben – es ist besser das Energiefeld zu schützen und seiner Wege zu gehen.

Gehe heute folgenden Fragen nach:

Was tust du um deine Lebensfreude zu bewahren? Wie schützt du dich vor Menschen, die dich herunterziehen wollen?

Hilfreich sind
folgende Affirmationen:

Ich lebe mein Leben voller Freude.

Mein Resonanzfeld ist voller Liebe.

Mit Wundern und Wünschen ist es wie mit der Liebe: Sie vermehren sich, je mehr Energie ich in diese Richtung aussende.

Vertrauen

Ich werde
auf allen meinen
Wegen
begleitet
und beschützt.

Die Basis, auf der alles wachsen und gedeihen kann, was wir uns wünschen ist: Vertrauen. Wir werden vom Leben vor schier unlösbare Probleme gestellt, die Herausforderungen sind groß, das Scheitern ist vielfältig. Wir brauchen die Verbindung zu uns und zu unserer höheren Führung, um zu verstehen, was das Leben von uns will. Wenn nichts mehr geht, wenn wir verwirrt, ängstlich und überfordert sind, dann ist es an der Zeit, die Probleme »abzugeben«, sich zu entspannen und loszulassen. Wenn wir anfangen zu zweifeln, mit unserem »Schicksal« hadern oder gar in Selbstmitleid versinken, dann schlagen wir die helfende Hand der göttlichen Energie aus. In diesen Zeiten ist das Vertrauen der Nährboden, um uns wieder dahin zurückzubringen, wo wir standfest sind und unerschütterlich unseren Weg gehen. Sich hinzugeben an das große Ganze – das ist »All-ein-Sein« – wir sind nicht allein, wir fühlen uns nur so, weil wir das Vertrauen verloren haben. Wir sind behütet und beschützt.

Diese Karte ist also ein Hinweis …

dein Vertrauen in dich und in das Leben zu stärken. Wenn du mutlos bist, dann stell dir vor, wie du in einen Mantel des Lichts und der Liebe gehüllt bist. Dieser Schutzmantel wärmt und behütet dich – dir kann nichts geschehen, alles geschieht zu deinem Besten.

Gehe heute folgenden Fragen nach:

Wie viel Vertrauen hast du in dich? Wie kannst du dich schützen und stärken? In welchen Situationen fühlst du dich schwach? Gehe diesen Bildern nach, schreibe sie auf und transformiere sie mit einem Ritual deiner Wahl.

Hilfreich sind folgende Affirmationen:

Ich bin voller Vertrauen.

Es geschieht immer das Beste für mich
und meine seelische Entwicklung.

Ich bin dankbar und glücklich, dass die Erfüllung
meiner Wünsche bereits auf dem Weg zu mir ist.

Pierre:
Die vollkommene Symmetrie dieses Ganges mit den Säulen, die wie Beschützer dastanden, hatte es mir besonders angetan. Sie strahlten eine Kraft aus, die mir sagte: »Was immer du tust, wo auch immer du hingehst, wir sind bei dir.« Es hat etwas sehr tröstliches zu wissen, dass man nicht allein ist. Wir sind verbunden mit allem, was ist – wir brauchen uns nur wieder an die Kraft des großen Energiefeldes anzuschließen.